智库丛书
Think Tank Series

中国对外贸易影响劳动收入份额研究

高凌云 程 敏 著

中国社会科学出版社

图书在版编目(CIP)数据

中国对外贸易影响劳动收入份额研究/高凌云，程敏著. —北京：中国社会科学出版社，2016.10

（智库丛书）

ISBN 978 – 7 – 5161 – 7586 – 6

Ⅰ.①中… Ⅱ.①高…②程… Ⅲ.①对外贸易—影响—劳动报酬—研究—中国 Ⅳ.①F249.24

中国版本图书馆 CIP 数据核字(2016)第 014243 号

出 版 人　赵剑英
责任编辑　侯苗苗
责任校对　周晓东
责任印制　李寡寡

出　　版　中国社会科学出版社
社　　址　北京鼓楼西大街甲 158 号
邮　　编　100720
网　　址　http://www.csspw.cn
发 行 部　010 – 84083685
门 市 部　010 – 84029450
经　　销　新华书店及其他书店

印刷装订　北京君升印刷有限公司
版　　次　2016 年 10 月第 1 版
印　　次　2016 年 10 月第 1 次印刷

开　　本　710×1000　1/16
印　　张　13
插　　页　2
字　　数　170 千字
定　　价　49.00 元

凡购买中国社会科学出版社图书，如有质量问题请与本社营销中心联系调换
电话：010 – 84083683

中文摘要

对外贸易的迅速发展，对中国的长期经济增长具有极为重要的作用。新形势下，促进对外贸易进一步发展，仍然是党和国家下一步的目标和重要任务之一。党的十八大、十八届三中全会及五中全会报告，均强调了"提高对外开放水平"的任务。与此同时，初次分配向劳动要素的倾斜，也是党和政府下一步将着力关注的重大问题。党的十八大、十八届三中全会及五中全会报告，还明确提出了"调整国民收入分配格局，规范初次分配"等有关收入分配改革的问题。

实际上，对外贸易理论也一直非常关注贸易对收入分配的影响。其中，以斯托尔珀—萨缪尔森（Stolper – Samuelson，SS）定理最为经典，根据 SS 定理的推论，作为一个典型的劳动力要素丰裕型国家，中国对外贸易将使劳动要素在初次分配中受益，从而提高劳动收入占比。

但是，改革开放 30 多年来，中国对外贸易和劳动收入占比变动的事实却是：在对外贸易取得了举世瞩目成就的同时，劳动收入在总产出中所占的比重，整体呈现出明显的下降趋势。表现在：对外贸易总额从 1978 年的 206.4 亿美元增加至 2012 年的 38667.6 亿美元，增长超过 187 倍。而劳动收入份额却从 1978 年的 56.96% 减少为 2011 年的 44.94%，下降了约 12.02 个百分点。劳动收入份额的下降，意味着劳动要素在国民经济分配中所占地位的恶化，与对外贸易的快速发展形成鲜明对比。

　　中国对外贸易逐年增长与劳动收入份额整体下降的事实，不仅与 SS 定理的分析结论存在明显出入，而且劳动收入份额的下降也可能会对中国的消费提升、结构调整和经济增长等，带来一系列负面的影响，不利于和谐社会的构建与中国梦的实现。因此，利用中国的经验事实，研究对外贸易对劳动收入份额的影响，不仅能够进一步丰富和完善现有理论体系，还有助于党的十八大及十八届三中全会提出的"深化收入分配制度改革"、"完善互利共赢、多元平衡、安全高效的开放型经济体系"等目标的实现。

　　基于此，本书在对国内外有关劳动收入份额及国际贸易对收入分配影响的理论与实证文献进行综述的基础上，精确测算了中国对外贸易、劳动收入份额的变动情况，比较了两者在数值变动上的相关性。继而探讨并检验了对外贸易通过结构调整、租金分享、要素偏向型技术进步等机制对中国劳动收入份额变动产生的影响。

　　研究结果显示，对外贸易影响中国劳动收入份额的不同机制之间存在相互抵消的效应，且结构机制不同细分途径之间也存在相互抵消的情况。其中，利用 1998—2007 年中国四位码工业行业数据检验显示，对外贸易通过租金分享机制，有助于提高劳动收入份额，但是，鉴于中国劳动者的租金分享能力十分薄弱，此正向促进机制的作用发挥较为有限；利用 1995—2011 年中国省际面板数据检验发现，对外贸易引致中国技术进步的方向为资本偏向型，资本偏向型技术进步使收入分配向资本要素倾斜，降低了中国劳动相对收入份额；而在结构机制中，将劳动收入份额变动分解为企业内部劳动份额效应、增加值效应、进入效应和退出效应后，发现对外贸易对企业内部份额效应和退出效应影响为正，但是对增加值效应和进入效应的影响却为负。

　　因此，为更好地实现党的十八大、十八届三中全会及五中全会提出的贸易发展和收入分配改革目标，本书提出，应依据对外贸易影响劳动收入份额的不同机制，实行不同的政策措施。首先，从结构调整的角度，应坚持在稳增长和调结构中改善分配格局，以降低初次分配改革的阻力。其次，从劳资利益分配的角度，应运用国家能量建立租金分享机制，并提高工会在租金分享谈判中的地位，以最大化对外贸易通过租金分享机制、实现提升中国劳动收入份额的目标。最后，从技术进步的角度，应加强知识产权保护、促进企业自主创新，以减缓对外贸易通过资本偏向型技术进步对劳动收入份额产生的负面效应。

关键词：对外贸易　劳动收入份额　结构调整　租金分享资本偏向型技术进步

ABSTRACT

The rapid development of foreign trade has a very important role to China's long – term economic growth. Under the new situation, promoting the further development of foreign trade is still one of the party and the country's next targets and the important tasks. Among them, the 18th Central Committee of the Communist Party of China and after the 3rd and 5th Plenary Session emphasized the task of "comprehensively improve our open economy". At the same time, the initial distribution tilted to the labor factor will be one of the next major concerns of the party and the government. The 18th Central Committee of the Communist Party of Chian and after the 3rd and 5th Plenary Session have clearly stated the issue of "Adjust the distribution of national income, standardized initial distribution".

In fact, foreign trade theories have been very concerned about the impact of trade on income distribution. Among them, Stolper – Samuelson (SS) theorem is the most classic. According to SS theorem, as a typical abundant country in labor factor, China's foreign trade will benefit the labor factor in the initial distribution of income and increase labor share.

Following the thirty years of China's reform and open, the change facts of foreign trade and labor share are that the foreign trade has made remarkable achievements and the labor share shows a significant downward overall as well. Among them, total foreign trade increased from \$ 20. 64 billion in 1978 to \$ 3866. 76 billion in 2012, and raised more than 187 – fold. However, with the rapid development of foreign trade, China's labor share changed from 56. 96% in 1978 to 44. 94% in 2011, and decreased about 12. 02 percent. Declining in the labor share means the deterioration of the status of the labor factor in the national economy allocation.

The growth of China's foreign trade and the facts of an overall decline of labor share obvious are discrepancy with the conclusion of SS theory. Meanwhile, the decline of labor share also might bring a series of negative effects on China's consumption upgrade, structural adjustment and economic growth. It is not conducive to build a harmonious society and achieve China's dream as well. The study about the influence of foreign trade on the labor share using China's experience, not only can further enrich and improve the existing theoretical system, but also can help achieve some targets of the 18th National Congress and the Third Plenary Session of the 18th Central Committee of the Communist Party of China, such as "deepening there form of income distribution", "improve the open economy system of mutual benefit, multiple equilibrium, safety and high efficient" and so on.

Based on those opinions, the paper reviews the theory and empirical literatures of domestic and foreign about labor share and the impact of international trade on income distribution at first. Then the thesis measures the change facts in China's foreign trade and labor in come share accurately, compares the correlation of their change in value. Later the paper explores and examines the impact of foreign trade on Chinese labor share generated from the ways of structural mechanism, rent – sharing mechanism and factor – biased technological progress mechanism.

Examinations find that the effects of offsetting between different mechanisms and those between different segmentations in structural mechanism. For example, using China four yards Industry data from 1998 to 2007, the test shows that foreign trade can help improve the labor share through rent – sharing mechanism, but the positive mechanism is relatively limited for the weak ability of Chinese labor's sharing rent. Another test using Chinese Provincial Panel Data from 1995 to 2011 finds that the technical progress caused by China's foreign trade is capital – biased. Capital – biased technological progress will make income distribution incline to capital factor, and reduce the relative income share of China's labor. In the structure mechanism, when the changes of labor share are decomposed into internal labor share effect, value added effect, enter and exit effects, we find that the impact of foreign trade on the internal share effect and exit effect is positive, but the value added effects and enter effect is negative.

Thus, in order to achieve the objectives of foreign trade development and income distribution reform of the 18th National Congress and the Third Plenary Session of the 18th Central Committee of the Communist Party of China better, the thesis proposes we should carry out different policy according to the conclusions of different mechanisms through which foreign trade affecting the labor share. First, from the perspective of structural adjustment, we should persist in improving the distribution pattern under the economic growth and structural transformation, so that the resistance of the initial distribution reform can be reduced to the least. Secondly, from the perspective of allocation of labor interests, in order to achieve the goal of enhancing Chinese labor income share earlier through rent – sharing mechanism, rent – sharing mechanism should be established by the government and the trade union should strengthen its position in the rent – sharing negotiations.

Finally, from the perspective of technological progress, in order to mitigate the negative effects of foreign trade on China's labor share through capital – biased technical progress, we should strengthen intellectual property protection and promote independent innovation.

Key Words: Foreign Trade　Labor Share　Structural　Adjustment　Rent　Sharing　Capital – Biased　Technological　Progress

目　　录

第一章 绪论

本章主要从三个方面对全书的研究目的、研究设想、整体框架、创新与不足等进行简要说明。首先是研究的背景与意义，其次是研究思路、方法与结构安排，最后是主要创新与不足。

第一节 研究背景与意义

对外贸易的迅速发展，对我国的长期经济增长具有极为重要的作用。新形势下，促进对外贸易进一步发展，仍然是党和国家下一步的目标和重要任务之一。但是，与对外贸易的快速发展相对应，中国的劳动要素在国民经济分配中所占地位却在逐渐恶化。而强调初次分配向劳动要素倾斜，同样是党和政府下一步需着力关注的重大问题。以中国为对象，研究贸易对劳动收入份额的影响，不仅可以极大丰富现有理论研究的视角，同时，根据研究结论有针对性地提出促进劳动收入份额提高的政策建议，还有助于党的十八大、十八届三中全会及五中全会提出贸易发展和收入分配等方面目标的实现。

一 研究背景

改革开放三十多年来，中国对外贸易取得了举世瞩目的成就。对外贸易总额从 1978 年的 206.4 亿美元增加至 2012 年的 38667.6 亿美元，增长超过 187 倍；其中，出口额从 1978 年的

97.5 亿美元增加至 2012 年的 20489.3 亿美元，增长超过 210 倍；进口额从 1978 年的 108.9 亿美元增加至 2012 年的 18178.3 亿美元，增长超过 166 倍；已连续多年成为世界货物贸易第一出口大国和第二进口大国，2013 年进出口总额更是超越美国，位居全球第一。而且，伴随对外贸易总量的快速增长，中国对外贸易依存度也在迅速提高。1978 年中国对外贸易依存度只有 9.7%，2012 年上升至 42.34%，增长约 4.36 倍，显示出对外贸易在中国经济增长中的重要作用。[①]

促进对外贸易进一步发展，仍是党和国家下一步的目标和重要任务之一。商务部编制的《对外贸易发展"十二五"规划》中，提出了未来中国对外贸易发展的大致目标，包括"进出口平稳增长，总额年均增长 10% 左右"、"到 2015 年达到约 4.8 万亿美元，贸易平衡状况继续改善"等；党的十八大及十八届三中全会报告等也强调，"全面提高开放型经济水平。适应经济全球化新形势，必须实行更加积极主动的开放战略，完善互利共赢、多元平衡、安全高效的开放型经济体系"。

但是，与对外贸易的快速发展相对应，中国的劳动收入在总产出中所占的比重（以下简称劳动收入份额），整体却呈现出明显的下降趋势。1978 年，中国的劳动收入份额约为 56.96%（Bai & Qian，2010），而 2011 年为 44.94%，下降了约 12.02 个百分点；而且，劳动收入份额的下降不仅表现在全国整体水平上，在绝大多数省份，同样存在类似情况。[②] 不仅如此，目前中国劳动收入份额的水平，与发达国家差距较大，与大多数发展中国家也有一定的差异（罗长远和张军，2009）。

劳动收入份额下降，意味着劳动要素在国民经济分配中所占

---

① 对外贸易额、出口额、进口额数据来自历年的《中国统计年鉴》，对外贸易依存度指一国的进出口总额占该国国民生产总值的比重，对外贸易依存度及增长倍数由笔者整理计算获得。

② 数据由笔者整理计算获得，见本书第三章。

地位的恶化，可能会对中国的消费提升，或结构调整和经济增长等，带来一系列负面的影响，从而不利于和谐社会的构建与中国梦的实现。比如，Kuijis（2006）认为，中国消费低迷的主要原因不是通常认为的较大倾向的居民储蓄，而是中国劳动收入占比的降低。李扬和殷剑峰（2007）也认为，初次分配中劳动收入地位的下降是再分配后居民部门收入相对下降的主要原因，居民可支配收入增长缓慢可能与劳动收入所得下降有关。

因此，初次分配向劳动要素的倾斜，同样是党和政府下一步需着力关注的重大问题。无论是《中华人民共和国国民经济和社会发展第十二个五年规划纲要》（以下简称"十二五"规划），还是党的十八大及十八届三中全会决议等，对要素收入分配问题都有明确的指示。其中，"十二五"规划提出，"完善保障和改善民生的制度安排，加大收入分配调节力度，坚定不移走共同富裕道路，使发展成果惠及全体人民。努力提高居民收入在国民收入分配中的比重，提高劳动报酬在初次分配中的比重，尽快扭转收入差距扩大趋势，是下一个五年国民经济发展计划的战略任务之一"。党的十八大及十八届三中全会报告中，就收入分配改革问题也明确提出，"深化收入分配制度改革，努力实现居民收入增长和经济发展同步、劳动报酬增长和劳动生产率提高同步，提高居民收入在国民收入分配中的比重，提高劳动报酬在初次分配中的比重。完善劳动、资本、技术、管理等要素按贡献参与分配的初次分配机制，加快健全以税收、社会保障、转移支付为主要手段的再分配机制"。

那么，对外贸易的进一步发展，能否内在地促进初次分配向劳动要素倾斜这一目标的实现？如果答案是否定的，其原因何在？同时，通过什么样的政策安排，才能实现贸易和国民收入初次分配的协调发展呢？这些都是我们亟须研究的问题。

二 研究意义

长期以来，对外贸易理论一直非常关注贸易对收入分配的影响。不论是古典国际贸易理论、新古典国际贸易理论，抑或是新贸易理论、异质性贸易理论等，都曾对这一问题开展过深入研究，并取得了丰硕的成果。其中，斯托尔珀—萨缪尔森（Stolper-Samuelson，SS）定理最为经典。根据 SS 定理的推论，当一国根据要素禀赋形成比较优势开展对外贸易后，贸易会对不同要素在收入分配中的地位产生不同影响，最终导致一国丰裕要素受益、稀缺要素受损。因此，由 SS 定理推断，作为一个典型的劳动力要素丰裕型国家，中国对外贸易将使劳动要素在初次收入分配中受益，提高劳动收入占比。可是，正如上文所提出的，中国对外贸易逐年增长与劳动收入份额整体下降的事实，却与 SS 理论的分析结论存在明显出入。

因此，利用中国的经验事实，研究对外贸易对劳动收入份额的影响，能够进一步丰富和完善现有理论体系。不仅如此，从理论和实证分析方面，国内外大多数研究劳动收入份额下降的文献，都是简单地将对外贸易作为其中一个单独的解释变量，忽略了对外贸易通过不同途径影响劳动收入份额的具体机制。直接采用这种分析范式，可能难以科学地解释中国对外贸易与劳动收入份额反向变动的深层次原因。

事实上，采用这种分析范式，检验中国对外贸易对劳动收入份额影响的文献，其结果存在明显的矛盾，如部分文献认为对外贸易会促进中国劳动收入份额上升（姜磊和张媛，2008；罗长远和张军，2009），部分文献则提出对外贸易会降低中国劳动收入份额（李坤望和冯冰，2012；赵秋运等，2012）。本书试图从对外贸易影响劳动收入份额的不同渠道出发，尝试探寻并检验贸易影响中国劳动收入份额的不同机制及其程度，从而为后续的实证检验提供坚实的理论基础和指导。

另外，从现实的角度看，提高劳动收入份额和缩小收入差距，是下一步党和国家着力实现的两个重要目标。而提高劳动收入份额，又有助于缩小收入差距，这说明提高劳动收入份额是重中之重（李扬和殷剑峰，2007）。同时，保持对外贸易的持续增长，是新形势下更大限度地发挥贸易在经济增长中重要作用的出发点。因此，系统深入地研究对外贸易影响中国劳动收入份额的机制，并根据研究结论，从不同视角，有针对性地提出促进劳动收入份额提高的政策建议，有助于党的十八大及十八届三中全会提出的"深化收入分配制度改革"、"完善互利共赢、多元平衡、安全高效的开放型经济体系"等目标的实现。

第二节　研究思路、方法与结构安排

一　研究思路

总体上，本书遵循从理论到现实，再回归到对理论进行检验的研究思路。首先，本书对劳动收入份额相关理论进行了梳理。早期研究多从柯布—道格拉斯生产函数（以下简称 C - D 生产函数）理论出发，对要素收入份额的认识，基本停留在"卡尔多事实"的层次上，认为要素收入份额是稳定的。然而，20 世纪 80 年代中期以来，世界范围内劳动收入份额普遍下降的事实，促进了有关劳动收入份额理论的相关研究。具有代表性的是 SK 曲线、U 形曲线。前者提出劳动收入份额与资本产出比——对应，后者认为劳动收入份额与经济发展水平呈 U 形关系。与此同时，随着经济全球化的深化，研究对外贸易影响劳动收入份额的文献也逐渐增加，尽管这些研究并没有注意对外贸易产生影响的具体机制。

其次，在文献综述和精确测算劳动收入份额的基础上，本书提出了对外贸易影响劳动收入份额的结构机制、租金分享机制、要素偏向型技术进步机制，并分别从不同机制出发，基于理论和实证分析，详细探讨了对外贸易通过不同途径对中国劳动收入份额的影响，这也是本书的主体部分。本书研究发现，不仅不同机制之间存在相互抵消的效应，同一机制不同细分途径之间也存在相互抵消的情况。如数据显示，对外贸易有助于提高中国劳动者的租金分享能力，从而有利于改善劳动者租金分享份额。但是，对外贸易引致中国技术进步的方向为资本偏向型，资本偏向型技术进步使收入分配向资本要素倾斜，降低了中国劳动相对收入份额；而在结构机制中，将劳动收入份额变动分解为企业内部劳动份额效应、增加值效应、进入效应和退出效应后，我们发现对外贸易对企业内部份额效应和退出效应影响为正，但是对增加值效应和进入效应的影响却为负。

最后，以对外贸易影响中国劳动收入份额的理论和实证研究为基础，本书提出，为了更好地实现党的十八大和十八届三中全会提出的贸易发展和收入分配改革目标，应依据对外贸易影响劳动收入份额的不同机制，实行不同的政策导向。

二　研究方法

本书综合运用系统方法研究对外贸易对中国劳动收入份额的影响，坚持定性与定量相结合。对对外贸易影响劳动收入份额的不同机制进行理论分析阐述和检验。具体而言，研究方法如下：

首先，文献研究。通过查阅和研读国内外相关文献资料，跟踪国内外前沿研究和最新进展。其次，理论与机制相结合。针对不同机制，强调与主流理论模型的融合，不追求复杂的数理分析方法，而是强调研究更具系统性、灵活性和真实性，以得到较为接近现实的、完备的研究体系。再次，实证检验。在理论建模的基础上，本书强调实证检验，用构建的理论模型为实证研究提供理论支撑，用实证检验为理论结论提供经验证据。根据构建的模型，利用中国工业企业数据库、工业数据库及省际面板数据等进行实证检验，以使获得的结论更为可信。最后，多角度、多方法系统分析。从研究层面及数据的可获得性考虑，不仅在中国对外贸易与劳动收入份额变动事实分析中，而且在检验对外贸易影响劳动收入份额的不同机制中，都从实际出发，分别选择国家宏观、产业、企业、区域等多层面数据进行检验，以加强结论的可信度。

三 结构安排

除绪论外，本书还有六章的内容，具体结构安排如下：

第二章对劳动收入份额、对外贸易与要素收入分配方面的相关理论与实证检验文献，进行了细致梳理。具体来说，首先，有关劳动收入份额变动趋势的理论和经验研究；以劳动收入份额是否稳定为界，分别介绍坚持劳动收入份额长期稳定的卡尔多事实、劳动收入份额与资本产出比呈一一对应关系的 SK 曲线、劳动收入份额与经济发展水平呈 U 形关系的 U 形曲线等，以及与之对应的不同国家劳动收入份额变动的差异。其次，阐释了对外贸易与要素收入分配的相关理论研究，涉及古典单要素贸易模型、特定要素模型、要素禀赋理论和戴维斯模型等。其中，古典单要素贸易模型认为，贸易的发展对两国劳动者收入有收敛作用；特定要素模型认为，对外贸易使出口部门的特定要素受益、进口部门的特定要素受损；斯托尔珀—萨缪尔森定理提出，对外贸易使丰裕要素受益、稀缺要素受损；而戴维斯模型主要是从生产集角度分析对外贸易对要素收入分配的影响，根据戴维斯模型，从全球角度上分析，对外贸易对不同国家要素收入分配的影响具有不确定性。再次，比较了国内外研究对外贸易影响劳动收入份额的实证结果。总体来看，无论是针对发达国家，还是发展中国家，结论都具有不一致性，有些文献的研究结果表明对外贸易提高劳动收入份额，而有些文献则认为对外贸易降低了劳动收入份额。最后，对现有相关文献进行了详细的评述，指出了现有研究存在矛盾的可能原因，以便进一步明确本书在现有研究中的地位。

针对中国对外贸易发展和劳动收入份额的变动，第三章从不同的层次对劳动收入份额进行了精确的测算和分析。首先从区域和结构的角度，介绍中国对外贸易额及对外贸易依存度的变化。

其次比较了国内外对劳动收入份额进行测算和修正的主要方法。因为，尽管理论上对劳动收入份额的概念界定较为明确，但统计过程却难以完全涵盖及实现其经济学意义。以此为基础，从两个角度得出了中国劳动收入份额变动的特征。其一，从官方公布数据直接计算，得出全国宏观及东、中、西各区域和各省份劳动收入份额的实际变动；其二，从数据的可获得性出发，选择四种修正方法对中国宏观劳动收入份额进行修正，考察修正后劳动收入份额变动。进而，对贸易与中国劳动收入份额变动之间的关系进行了初步分析。

第四章分析并检验了对外贸易影响中国劳动收入份额的结构机制。首先是从产业结构整体和内部调整的角度，构建和刻画了体现经济结构总体变动特征的结构调整指标和增加值、企业数量和就业人数密度分布等，在 1978 年、2001 年等特定年份前后的变化情况。进而，在白重恩和钱震杰（2009）、罗长远和张军（2009）等研究的基础上，本章更深入地将劳动收入份额的变动分解为企业内部劳动收入份额效应、增加值效应、进入效应和退出效应，并利用 1999—2007 年中国国有工业企业数据，检验了对外贸易对中国劳动收入份额四个结构部分的影响。结果显示，对外贸易对企业内部劳动收入份额效应和退出效应存在正向影响，对增加值效应和进入效应存在负向影响。

第五章分析并检验了对外贸易通过租金分享机制对中国劳动收入份额变动产生的影响。有关中国对外贸易影响劳动收入份额的研究文献，往往直接运用 SS 理论假设条件，认为劳动者只能按照边际产品收益获得相应收入，大多忽视了劳动者的租金分享能力。本章在 Brock 和 Dobbelaere（2006）、Dumont 等（2006）研究的基础上，利用租金分享框架，构建了劳动者租金分享能力与劳动收入份额之间的关联，并利用中国 40 个二位码工业行业 1998—2007 年共 1995520 家企业数据，测算了中国宏观及二位码工业行业层面的劳动者租金分享能力，并检验了对外贸易对这一能力产生的影响。结果显示，我国的对外贸易提高了劳动者的租金分享能力，进而对中国劳动收入份额产生了正向影响，这点与基于发达国家的研究结论显著不同。只是由于中国劳动者租金分享能力的薄弱，这一正向促进作用十分有限。

第六章分析并检验了对外贸易通过要素偏向型技术进步，对中国劳动收入份额产生的影响。Acemoglu（2002）等强调对外贸易是要素偏向型技术进步产生的主要源泉，张莉等（2012）也得出相同的结论。本章在张莉等（2012）及 Acemoglu 系列研究的基础上，选取 1995—2011 年中国 29 个省份的面板数据，实证分析了贸易通过要素偏向型技术进步机制，对中国劳动收入份额产生的影响。结果表明，中国对外贸易导致的技术进步更加偏向于提高劳动效率，同时，由于中国劳动力与资本要素在生产上具有互补性，根据要素偏向型技术进步的判断方法，可知该技术进步为资本偏向型，也即贸易通过技术进步途径降低了中国的劳动收入份额。

最后是结论与政策启示。根据前面的研究，第七章提出了相应的政策建议，以期更好地促进贸易正向影响劳动收入份额的机制，并抑制负向影响机制，从而更有效地实现中国对外贸易与劳动收入份额的协调发展。

第三节　主要创新与不足

由于对外贸易对劳动收入份额的影响具有多种机制，而不同机制的效应又可能存在相互抵消的情况，故直接以对外贸易作为劳动收入份额变动的解释变量，其结论的科学性值得商榷。不同于国内外已有文献，本项研究在国内外有关劳动收入份额研究的基础上，以对外贸易为切入点，全面系统地探讨了对外贸易影响中国劳动收入份额的不同机制，并据此提出了较为具体的政策建议。全书的创新之处主要体现在：

一　主要创新

首先，本书分三种不同机制检验了对外贸易对中国劳动收入份额的影响。已有文献一般直接以对外贸易依存度、出口依存度、进口依存度等替代对外贸易，或将对外贸易分解为技术进步效应和价格效应，以价格效应替代对外贸易，或用要素外部价格（替代价格）替代等，检验对外贸易对劳动收入份额的影响。本书并不是简单地用对外贸易作为解释变量进行回归检验，而是全面分析对外贸易通过结构机制、租金分享机制以及技术进步机制等，对劳动收入份额可能产生的不同影响。

其次，本书采用了大量翔实的企业数据进行实证检验。不同于以往研究简单使用省际面板数据或工业行业层次数据，本书结合不同机制特征和数据可获得性，利用大量企业、产业、省份层次数据对不同机制进行实证检验。如采用中国国有企业1998—2007年数据，检验对外贸易通过企业内部劳动收入份额效应、增加值效应、进入效应和退出效应，对中国劳动收入份额产生的不同影响等。

再次，本书详细测算和分析了中国劳动者的租金分享能力，以及贸易对租金分享能力的影响。利用 Brock 和 Dobbelaere（2006）以及 Dumont 等（2006）的研究思路，结合中国 1995520 家工业企业数据，翔实测算中国宏观层面及二位码工业行业劳动者租金分享能力。结果显示，无论宏观层面，还是各个二位码工业行业，单纯从企业数据分析，中国劳动者都具有一定的租金分享能力，只是相对于企业，严重不对称。正是鉴于中国劳动者十分薄弱的租金分享能力，对外贸易虽通过租金分享机制，有助于提高中国劳动收入份额，但作用有限。

最后，本书探讨了对外贸易对中国要素偏向型技术进步的影响。虽然戴天仕和徐现祥（2010）检验证实中国技术进步为资本偏向型，进而，黄先海和徐圣（2009）、傅晓霞和吴利学

（2012）等发现，资本偏向型技术进步降低了中国劳动收入份额，但是，已有文献并未从对外贸易视角，分析检验中国资本偏向型技术进步产生的源泉。本书利用中国的省际面板数据，检验了中国对外贸易对技术进步方向及劳动收入份额的影响。

二　不足之处

本书只是针对对外贸易影响中国劳动收入份额机制进行尝试性探讨，虽然进行了较为翔实的理论分析和实证检验，但是鉴于笔者知识结构、能力及原始数据的局限，本书仍有诸多不足之处，无论是从理论还是从实证检验角度，都有待进一步完善和提高。

首先，从文献综述出发，本书分别从三种不同机制，建立三个不同理论模型，分析对外贸易对劳动收入份额的影响。对于其他可能存在的机制缺乏深入细致研究，本书的整体理论框架有待进一步完善。其次，本书的数据样本有待进一步更新。由于本书第四章、第五章都涉及增加值指标，而目前所有的工业数据库，提供的企业或工业增加值数据最迟只到 2007 年，这在一定程度上减弱了本书结果的现实性。最后，针对具体问题，本书的结论存在一定的片面性，研究的广度也有待加强。比如，考虑到企业动态的科学测度，第四章只采用国有企业数据，检验对外贸易影响劳动收入份额的结构机制。

第二章　文献综述

20 世纪 50 年代至 80 年代，学术界对劳动收入份额变动的认识多停留在"卡尔多事实"的层次，即劳动收入份额具有长期稳定性。但是，八九十年代以来劳动收入份额在世界范围内的普遍下降，引发了学术界对"卡尔多事实"的重新审视，从而极大地推动了有关功能性收入分配的理论与实证研究。与之相伴随，由于全球化的快速推进，作为全球化重要途径之一的国际贸易，其对劳动收入份额的影响，也受到了越来越多的重视。事实上，国际贸易理论一直非常关注贸易对要素收入分配的影响，如 HOS 模型提出，国际贸易在增加国家总收益的同时，对不同要素所有者会产生不同的影响，即丰裕要素所有者受益，而稀缺要素所有者受损。但现实中，无论是劳动力要素丰裕的国家，还是劳动力要素稀缺的国家，其劳动收入份额都出现了下降的趋势。劳动收入份额变动的特征与相关国际贸易理论判断之间的矛盾，是本章研究的出发点。

第一节　劳动收入份额变动：理论基础和经验研究

劳动收入份额指国民收入中劳动要素收入所占的比重，其变动涉及劳动需求、劳动供给、产出水平等诸多因素，最终水平由劳动市场和产品市场共同决定。对于劳动收入占比的变动趋势是否具有稳定性，在学术界一直存在争议。本节分别从劳动收入份额变动的理论基础和经验研究方面，展开对现有相关研究的分析和比较；下面首先按时间顺序，从三个视角介绍劳动收入份额变动趋势的理论研究，即坚持劳动收入份额长期稳定的"卡尔多事实"；认为劳动收入份额与资本产出比存在对应关系的 SK 曲线；以及劳动收入份额与人均 GDP 之间存在的 U 形曲线关系。

一 劳动收入份额变动：理论基础

（一）卡尔多事实

特征性事实指一种能够反映经济运行真实和基本特征的、具有代表性的关键性事实。卡尔多在对资本主义经济长期观察总结的基础上，提出过多种特征性事实，与本项研究相关的是卡尔多在 20 世纪五六十年代提出并在其收入分配模型中论证的，各种生产要素收入在收入分配中所占份额大体稳定不变的事实。

1957 年，卡尔多在充分就业假设下，提出长期中劳动报酬和利润份额不变、资本劳动比和劳动生产率几乎以同样的速率扩张、利润率不变是任何有信服的经济增长模型都必须具备的条件。1961 年，卡尔多将劳动收入份额不变的思想引入到后凯恩斯收入分配理论中，并提出劳动收入份额的长期稳定是经济发展过程中的特征性事实，任何有关劳动收入分配的理论，都必须能够解释为什么劳动收入份额在长期内会较为稳定的现象。下面，我们对卡尔多收入分配模型做一简要阐述：

1. 卡尔多收入分配模型

卡尔多收入分配模型假设，生产产品所需投入的生产要素为劳动和资本，长期来看经济处于充分就业状态，国民收入（Y）包括工资（W）和利润（P）两个部分，而投资（I）和储蓄（S）相等，储蓄来自劳动收入和资本收入，劳动收入和资本收入各自的储蓄率为 S_W 和 S_P，劳动收入的储蓄倾向小于资本收入，即满足 $S_P > S_W$。根据假设条件可建立以下三个等式：

$$Y = W + P \tag{2—1}$$

$$I = S \tag{2—2}$$

$$S = S_W \times W + S_P \times P \tag{2—3}$$

联立式（2—1）、式（2—2）和式（2—3），可得 $I = S_W \times (Y - P) + S_P \times P = S_W Y + (S_P - S_W) \times P$，因此：

$$P = \frac{I - S_W Y}{S_P - S_W} \tag{2—4}$$

将式（2—4）两边同除以国民收入（Y），得到利润在国民收入中所占比重，为资本收入份额（S_C），资本收入份额（S_C）与劳动收入份额（S_L）之和为 1，因此，S_C 和 S_L 分别为：

$$S_C = \frac{\dfrac{I}{Y} - S_W}{S_P - S_W} \tag{2—5}$$

$$S_L = \frac{S_P - \dfrac{I}{Y}}{S_P - S_W} \tag{2—6}$$

式（2—5）和式（2—6）构成了卡尔多的宏观收入分配方程。根据方程的结论可以判断，当货币工资表现的实际收入分配结果，与收入分配方程揭示的分配格局不一致时，物价水平将发生变化，直至两者相统一。比如，当劳动收入占比高于宏观收入分配方程（2—6）所揭示的水平时，储蓄与投资间的平衡关系将被打破，由于劳动收入的储蓄倾向小于利润收入的储蓄倾向，此时，劳动收入占比的增长意味着储蓄收入的减少，储蓄小于投资，导致对消费品的需求超过对其的供给，则消费品价格将上升，利润比重逐渐上升，劳动收入占比逐渐下降，这种变动趋势直至储蓄上升到与投资再次相等，从而商品的总需求与总供给相等为止。反之，当劳动收入份额低于应有的水平时，意味着储蓄大于投资，对消费品的供给超过对其的需求，消费品价格将下降，因而利润所占比重逐渐下降，劳动收入占比逐渐上升，这种变动趋势直至储蓄下降到与投资再次相等，商品的总供给与总需求相等为止。

2. 柯布—道格拉斯生产函数与卡尔多事实

柯布—道格拉斯生产函数（以下简称 C－D 生产函数）的运用验证了卡尔多关于要素收入分配稳定性的判断，同时也导致对劳动收入分配相关问题的研究长期乏人问津。C－D 生产函数在规模报酬不变的假设前提下，将生产函数 $Y = F(K,L)$ 的具体形式界定为 $Y = AK^{\alpha}L^{1-\alpha}$。其中，$K$、$L$ 为生产所需投入的资本和劳动要素，A 为生产的综合技术水平，α 为资本的产出弹性系数，$1 - \alpha$ 为劳动的产出弹性系数。假设单位劳动的工资收入为 W，由于完全竞争市场上，劳动的工资收入等于劳动的边际产出，因此：

$$W = MP_L = \frac{\partial Y}{\partial L} = (1 - \alpha)AK^{\alpha}L^{-\alpha} \tag{2—7}$$

将式（2—7）两端同乘以劳动人数 L，除以生产总值 Y（产品价格标准化为 1），得劳动收入份额（S_L）：

$$S_L = \frac{WL}{Y} = \frac{(1 - \alpha)AK^{\alpha}L^{-\alpha}L}{AK^{\alpha}L^{1-\alpha}} = 1 - \alpha \tag{2—8}$$

同理，资本收入份额 $S_C = \dfrac{A\alpha K^{\alpha-1}L^{1-\alpha}K}{AK^{\alpha}L^{1-\alpha}} = \alpha$。因此，C－D 生产函数说明了收入分配是由外在决定的，而这正是卡尔多宏观收入分配方程的要义，是其所揭示的结论。根据式（2—6）可知，在劳动和利润收入的储蓄倾向既定时，劳动收入份额（S_L）取决于投资产出比，投资产出比是由外在决定的。因此，C－D 生产函数不仅验证了卡尔多事实，更为重要的是，C－D 生产函数明确指出劳动和资本等要素的收入份额等于各自的产出弹性。进一步，1967 年道格拉斯在柯布的帮助下，运用欧拉定理和 C－D 生产函数以及 1899—1922 年美国的统计数据，经运算后初步估计认为，α 取值为 0.25。也就是说，工资和利润占国民收入的比重分别为 75% 和 25%，且长期内较为稳定。

对于劳动收入份额是否处于长期稳定的判断，Solow 曾多次强调，收入分配份额不变的结果与 C – D 生产函数的特征有密不可分的关联。而且，Solow（1958）还特别强调指出，宏观劳动收入份额与部门劳动收入份额是有区别的，前者的稳定性不能掩盖后者的剧烈波动，因此，不能因劳动收入份额的稳定而忽视其他相关问题的研究。

（二）SK 曲线

卡尔多事实致使收入分配的研究热点长期集中于规模性收入分配上，学术界对功能性要素收入份额研究一度停滞不前。但是，自 20 世纪 80 年代中期开始，欧洲大陆主要国家劳动收入份额出现下降趋势，90 年代中期劳动收入份额在全世界范围内普遍下降，这些现象引发了学术界对于劳动收入份额变动的再度关注。代表性的研究成果是 SK 曲线理论，即劳动收入份额（S_L）随着资本产出比（k）的变化而变动的规律。

Bentolia 和 Saint – Paul（2003）分析 12 个 OECD 国家 1970—1990 年实际工资变动与劳动收入份额变动时，在对劳动收入份额进行系统研究的基础上提出，在生产要素具有替代性的完全竞争市场上，劳动报酬按照劳动的边际产品给予支付，劳动收入份额与资本产出比之间存在严格的对应关系，具体表现形式取决于要素替代弹性的大小。

1. 理论模型

SK 曲线模型假设，在完全竞争市场上，生产产品所需的投入要素为劳动（L）和资本（K），两种要素具有一定的替代性，生产函数规模报酬不变，技术进步为劳动增强型。则根据假设生产函数可以表示为：

$$Y = F(K, LB) \tag{2—9}$$

由于生产函数表现为规模报酬不变，因此式（2—9）可以改写成：

$$Y = KF\left(1, \frac{LB}{K}\right) = K \times f(l) \tag{2—10}$$

其中, $l \equiv \dfrac{BL}{K}$, 表示有效劳动与资本的比率。由于在完全竞争市场上, 劳动报酬按照劳动的边际产出给予支付, 因此, 可知工资报酬 (W) 为:

$$W = \frac{\partial Y}{\partial L} = B \times f'(l) \tag{2—11}$$

在式 (2—11) 两端同乘以劳动人数 L, 同除以生产总值 Y (产品价格标准化为 1), 得劳动收入份额 (S_L) 为:

$$S_L = \frac{WL}{Y} = \frac{BLf'(l)}{Kf(l)} = \frac{lf'(l)}{f(l)} \tag{2—12}$$

又因为资本产出比 (k) 为 $k = \dfrac{K}{Y} = \dfrac{1}{f(l)}$, 函数 $f(l)$ 是单调可逆的, 因此, $k = \dfrac{1}{f(l)}$ 也可以改写成:

$$l = f^{-1}\left(\frac{1}{k}\right) = h(k) \tag{2—13}$$

将式 (2—13) 代入式 (2—12), 可得劳动收入份额:

$$S_L = h(k)f'[h(k)]k \tag{2—14}$$

根据式 (2—14) 可以判断, 劳动收入份额与资本产出比之间呈现严格的对应关系, 且这种关系不会因为要素价格、要素数量、劳动增强型技术进步的变化而变化, 这就是 SK 曲线所要表达的中心含义, 即要素价格、要素数量和劳动增强型技术进步的变化只能使得劳动收入份额沿着 SK 曲线上下移动。进而, 我们还可以根据 S_L 对 k 求偏导的结果来判断, 劳动收入份额究竟是随着资本产出比的增加而增加, 还是随着资本产出比的增加而减少。

$$\begin{aligned}
\frac{dS_L}{dk} &= \frac{f(l)l'_k f'(l) + f(l)ll'_k f''(l) - ll'_k(f')^2}{[f(l)]^2} \\
&= -f(l) + lf'(l) - \frac{lf(l)f''(l)}{f'(l)} \tag{2—15}
\end{aligned}$$

设 σ_{KL} 为资本和劳动的替代弹性。所谓要素替代弹性，指的是在技术水平和投入要素价格不变的前提下，投入比例的相对变动与边际技术替代率相对变动之比。因此，资本和劳动的替代弹性 σ_{KL} 表达式为：$\sigma_{KL} = \dfrac{\mathrm{d}\left(\dfrac{K}{L}\right)}{\mathrm{d}MRT} \times \dfrac{MRT}{\dfrac{K}{L}}$，其中，$MRT = \dfrac{MP_L}{MP_K} =$

$\dfrac{Bf'(l)}{f(l) - lf'(l)}$，$\dfrac{\mathrm{d}MRT}{MRT} = \dfrac{f'(l)f(l)}{f'(l)\,[f(l) - lf'(l)]}\mathrm{d}l$，$\dfrac{\mathrm{d}\dfrac{K}{L}}{\dfrac{K}{L}} = \dfrac{-1}{l}\mathrm{d}l$。因此，

$\sigma_{KL} = \dfrac{-f'(l)}{lf''(l)}\left[1 - \dfrac{lf'(l)}{f(l)}\right]$。同时，设 δ 为劳动需求对工资的弹性，

则 $\delta = \dfrac{\mathrm{d}L}{\mathrm{d}W} \times \dfrac{W}{L} = \dfrac{f'(l)}{lf''(l)}$。将 σ_{KL} 和 δ 的表达式代入式（2—15）中，可得：

$$\frac{\mathrm{d}S_L}{\mathrm{d}k} = -(1 + \sigma_{KL})f(l)\frac{lf''(l)}{f'(l)} = -\frac{1 + \sigma_{KL}}{k\delta} \qquad (2—16)$$

由于资本产出比 k 大于零，劳动需求对工资的弹性 δ 小于零，因此，根据式（2—16）可以判断，$\dfrac{\mathrm{d}S_L}{\mathrm{d}k}$ 的符号取决于 σ_{KL} 的大小。

如果 $|\sigma_{KL}| > 1$，劳动和资本具有很强的替代性，则 $\dfrac{\mathrm{d}S_L}{\mathrm{d}k} < 0$，劳动收入份额随着资本产出比的增加而减少；若 $|\sigma_{KL}| < 1$，劳动和资本具有很强的互补性，则 $\dfrac{\mathrm{d}S_L}{\mathrm{d}k} > 0$，劳动收入份额随着资本产出比的增加而增加。因此，劳动收入份额是随着资本产出比的增加而增加，还是随着资本产出比的增加而减少，也就是 SK 曲线的具体形状，还取决于劳动和资本的替代弹性大小。

2. 影响劳动收入份额偏离 SK 曲线的因素

Bentolia 和 Saint‒Paul（2003）不仅分析了劳动收入份额与

资本产出比的关系，还研究了促使劳动收入份额偏离 SK 曲线的其他因素。其中，最为重要的因素就是劳动者的谈判能力。SK 曲线强调在完全竞争市场中，劳动报酬根据劳动的边际产出进行支付。但在不完全竞争市场，企业对市场具有一定的控制力，可以获得超额利润，而劳动者也可以凭借其谈判能力，获得超过边际产出的劳动报酬，这时劳动收入份额就会偏离 SK 曲线。Bento-lia 和 Saint - Paul（2003）将实际劳动报酬假设为劳动的平均产出与完全竞争状态下劳动的边际产出的加权平均，权重为劳动者的谈判能力，则在不完全竞争市场中，劳动报酬（W）为：

$$W = \theta AP_L + (1 - \theta)Bf'(l) = \theta \frac{Bf(l)}{l} + (1 - \theta)Bf'(l)$$

$$(2\text{—}17)$$

将产品价格标准化为 1，则在不完全竞争市场，劳动者具备一定的谈判能力，劳动报酬高于边际产出时，劳动收入份额（S_L）的表达式应为：

$$S_L = \frac{WL}{PY} = \left[\theta \frac{Bf(l)}{l} + (1 - \theta)Bf'(l) \right] \frac{L}{Kf(l)} = \theta + (1 - \theta)\frac{lf'(l)}{f(l)}$$

$$= \theta(1 - \tau) + \tau = \theta + (1 - \theta)h(k) \qquad (2\text{—}18)$$

由式（2—18）可以判断，不完全竞争市场劳动收入份额与资本产出比的关系与 SK 曲线性质较为一致。但是，劳动收入份额还受到劳动者谈判能力的影响。产出的就业弹性（τ）：$\tau = \frac{lf''(l)}{f(l)}$，因此，只要 $|\tau| < 1$，资本产出比不变的情况下，劳动谈判能力的增强，会提高劳动收入份额。换言之，劳动者的谈判能力，降低了劳动收入份额与资本产出比对应关系的有效性。

（三）U 形曲线

李稻葵等（2009）对中国与其他国家劳动收入份额的变动规律进行了对比分析，并总结出劳动收入份额演变的一般性的经验规律，即 U 形曲线理论。U 形曲线理论提出，在经济发展的初期阶段，初次分配中劳动收入份额随着人均 GDP 的增加而减少；一旦人均 GDP 超过 6000 美元（2000 年购买力平价），劳动收入份额将随着人均 GDP 的增加而增加。而且，李稻葵等（2009）强调劳动收入份额的 U 形变动规律符合库兹涅茨的"倒 U 形假说"。

1. 理论模型

U 形曲线理论假设经济生产包括两个部门：农业部门和工业部门。农业部门的生产函数 $Y_A = A_A L_A{}^{\alpha_A}$，工业部门的生产函数 $Y_I = A_I L_I{}^{\alpha_I} K_I{}^{1-\alpha_I}$，其中，$L_A + L_I = 1$，$A_I > A_A$。根据刘易斯二元经济理论，随着城市化的进程，农业部门劳动力向工业部门转移的初期，劳动力的工资水平为农业部门的工资水平，直到农业部门的劳动生产率与工业部门的劳动生产率相等为止。根据农业部门和工业部门的生产函数，可知，劳动工资、总产出和劳动总收入为：

$$W_A = A_A \alpha_A L_A{}^{\alpha_A - 1}$$

$$Y = Y_A + Y_I = A_A L_A{}^{\alpha_A} + A_I L_I{}^{\alpha_I} K_I{}^{1-\alpha_I}$$

$$W = W_A(L_A + L_I) = A_A \alpha_A L_A{}^{\alpha_A - 1}$$

因此，劳动收入份额（S_L）为：

$$S_L = \frac{W(L_A + L_I)}{Y} = \frac{A_A \alpha_A L_A{}^{\alpha_A - 1}}{A_A L_A{}^{\alpha_A} + A_I L_I{}^{\alpha_I} K_I{}^{1-\alpha_I}} = \frac{\alpha_A L_A{}^{\alpha_A - 1}}{L_A{}^{\alpha_A} + A L_I{}^{\alpha_I} K_I{}^{1-\alpha_I}},$$

其中，$A = \dfrac{A_I}{A_A}$。

2. 劳动力转移、边际产出递减与 U 形曲线

李稻葵等（2009）认为在劳动的边际产出递减规律作用下，随着劳动力从农业部门向工业部门的转移，劳动收入份额的变动呈现出三个不同的阶段特征：

首先，转移初期。农业部门随着劳动力的移出，产出随之减少；工业部门恰恰相反，随着劳动力的移入，产出增加。由于转移初期，工业劳动力的边际产出很高，导致总产出的上升速度要

大于工资的上升速度。劳动收入份额随着人均 GDP 的增加而下降。其次，转移中期。随着工业部门劳动力转入的进一步增加，其边际产出下降，导致工业产出的上升速度减缓。与此同时，农业部门则相反，随着劳动力转出的增加，劳动力边际产出上升。于是，与工资的上升速度加快相对应的是总产出的上升速度减慢，一快一慢的发展结果是两者逐渐趋于一致，达到劳动收入份额的最低值。最后，转移末期。随着工业劳动力边际产出下降导致的总产出增速减缓，以及农业劳动力边际产出上升导致的工资上升加速，当总产出的变化率小于工资的变化率时，劳动收入份额不断上升，直到农业边际产出与工业边际产出相等为止。劳动收入份额随着人均 GDP 的增加而增加。

另外，李稻葵等（2009）还指出，中国大致处于 U 形曲线的左边，随着人均 GDP 的增加，劳动收入份额呈下降趋势。这一判断与 20 世纪 90 年代中期以来中国劳动收入占比下降的事实高度吻合，与罗长远等（2009）的观点也一致。

二　劳动收入份额变动：经验研究

上文提到，全球范围内劳动收入份额的下降引发了各方关注，但是从国别样本看，劳动收入份额变动在不同国家可能存在一些差异。本节我们主要从中国和其他国家两个角度，简要介绍这方面的研究成果。

首先，Gollin（2002）运用各国时间序列数据统计发现，不同国家之间的劳动收入份额差异巨大，从 0.05 到 0.8 不等。但是，Gollin（2002）认为产生这种现象的主要原因是劳动收入份额的核算公式存在问题，并有针对性地提出了三种不同的调整方法，进而利用这三种调整方法对各国劳动收入份额重新核算；核算结果显示，经调整后大多数国家的劳动收入份额在 0.65 到 0.8 之间，虽然仍存在一定幅度的差异，但整体看，劳动收入份额在不同国家之间具有一定的稳定性。

其次，与 Gollin（2002）不同，Harrison（2005）通过联合国国民账户数据，核算了 100 多个国家 1960—2000 年的劳动收入份额变动，发现不同国家劳动和资本收入份额在最近 30 年的波动较大，劳动收入份额下降的全球性趋势，实际上掩盖了不同国家劳动收入份额变化的差异性，只有中等及以下收入国家劳动收入份额趋于下降，高收入国家整体劳动收入份额变动的差异很大，如美国在核算期内劳动和资本收入份额较为稳定，日本劳动收入份额持续上升，而欧洲主要国家劳动收入份额下降。Arpaia 等（2009）的研究也验证了不同国家劳动收入份额变动的差异，通过对原欧盟 15 国 1970—2004 年各自的劳动收入份额变动进行核算，Arpaia 等（2009）发现除英国、丹麦和比利时相对较为稳定外，其余国家均出现大幅度的下降现象，最为严重的是爱尔兰、奥地利和芬兰，分别下降 29 个、22 个和 18 个百分点。

最后，Bai 和 Qian（2010）对中国劳动收入份额变动进行了测算，结果显示 1978—2007 年劳动收入份额从 56.96% 下降到 46.65%，下降 10.31 个百分点。若按照劳动收入占比的不同变动趋势，可以将 1978—2007 年划分为三个区间：1978—1984 年，劳动收入份额小幅上升，从 56.96% 上升到 60.86%，上升了 3.9 个百分点；1984—1995 年，劳动收入份额在波动中微量下降，从 60.96% 下降到 59.10%，下降了 1.86 个百分点；1995—2007 年，劳动收入份额剧烈下滑，从 59.10% 下降到 46.65%，下降了 12.45 个百分点。与 Bai 和 Qian（2010）类似，罗长远等（2009）、张车伟等（2012）、吕冰洋等（2012）、李清华（2013）等都对中国劳动收入份额的变动进行了详细的核算，虽然不同学者选择的时间段不同，但结论类似，都验证了李稻葵（2007）所指出的中国劳动收入份额下降的事实。

第二节　国际贸易与要素收入分配的理论研究

古典国际贸易理论、新古典国际贸易理论、新贸易理论甚或异质性贸易理论，尽管是从不同角度分析国际贸易产生的原因，如比较优势、要素禀赋等，但这些理论都认为，对外贸易对发生贸易的伙伴国而言，是"双赢"的正和博弈，每个贸易国都可以通过对外贸易获得相应的利益。可是，进一步从要素收入分配的角度，是否不同要素的所有者都会获益呢？如果不是，那么贸易收益在一国不同要素所有者之间是如何分配的呢？不同的贸易理论对这些问题的研究，其视角存在较大差异，本节简要分析古典单要素贸易模型、特定要素模型、要素禀赋理论以及戴维斯模型等，对国际贸易与要素收入分配关系的论证。

一　古典单要素贸易模型与要素收入分配

古典学派的国际贸易理论，从亚当·斯密的绝对优势理论，到大卫·李嘉图的比较优势理论，坚持的都是劳动价值论，强调每个个人的福利因贸易获得改善。由于单要素贸易模型假设生产过程中只有劳动要素，不存在劳动收入份额的问题，所以，就国际贸易对要素收入分配产生的影响，古典贸易理论并没有直接的论述。但是，可以利用古典单要素贸易理论，分析对外贸易的发展对不同国家之间劳动工资比的影响。

（一）模型假设

假设世界上只有两个国家、两种产品、生产产品所需的投入要素只有劳动。在完全竞争市场上，假设两个国家（A 和 B）贸易前，分别生产两种产品：产品一和产品二，投入的要素均为劳动（L），生产 1 单位产品一，两国分别需要投入的劳动要素数量为 L_{A1} 和 L_{B1}，生产 1 单位产品二，两国分别需要投入的劳动要素数量为 L_{A2} 和 L_{B2}，A、B 两国生产产品的边际替代率均不变（$\dfrac{L_{A1}}{L_{A2}}$ 和 $\dfrac{L_{B1}}{L_{B2}}$ 保持不变），产品一和产品二在各国国内的销售价格分别为 P_{A1}、P_{B1}、P_{A2}、P_{B2}，两国劳动工资收入分别为 W_A、W_B，劳动要素在各国国内可自由流动。根据理论假设，可知：

$$W_A \times L_{A1} = P_{A1} \tag{2—19}$$

$$W_A \times L_{A2} = P_{A2} \tag{2—20}$$

$$W_B \times L_{B1} = P_{B1} \tag{2—21}$$

$$W_B \times L_{B2} = P_{B2} \tag{2—22}$$

同时，假设贸易前 A 国，两种产品生产的边际替代率小于 B 国，即 $\frac{L_{A1}}{L_{A2}} < \frac{L_{B1}}{L_{B2}}$，根据式（2—19）到式（2—22），可知劳动的边际替代率等于产品的价格之比，即 $\frac{L_{A1}}{L_{A2}} = \frac{P_{A1}}{P_{A2}} < \frac{P_{B1}}{P_{B2}} = \frac{L_{B1}}{L_{B2}}$。因此，借助产品相对价格判断各国比较优势的准则，可知，国家 A 在产品一上具有比较优势，国家 B 在产品二上具有比较优势。于是，两国的对外贸易模式将是：A 国生产并出口产品一，进口产品二；B 国生产并出口产品二，进口产品一。

（二）国际贸易与贸易国劳动工资比

根据式（2—19）和式（2—20）、式（2—21）和式（2—22）可分别得出 A、B 两国开展对外贸易前各自的工资水平及工资对比情况：

$$W_A = \frac{P_{A1}}{L_{A1}} = \frac{P_{A2}}{L_{A2}} \tag{2—23}$$

$$W_B = \frac{P_{B1}}{L_{B1}} = \frac{P_{B2}}{L_{B2}} \tag{2—24}$$

$$\frac{W_A}{W_B} = \frac{P_{A1} \times L_{B1}}{P_{B1} \times L_{A1}} = \frac{P_{A2} \times L_{B2}}{P_{B2} \times L_{A2}} \tag{2—25}$$

根据比较优势原则，两国进行对外贸易后，各自专业化生产比较优势产品，在没有运输成本或贸易壁垒等前提下，产品一和产品二在 A、B 两国的销售价格相等，因此两种产品的相对价格在两国出现均等化现象，且新的国际相对价格将介于对外贸易前两国国内相对价格之间，设世界相对价格为 P_1/P_2，则：

$$\frac{P_{A1}}{P_{A2}} < \frac{P_1}{P_2} < \frac{P_{B1}}{P_{B2}} \tag{2—26}$$

由于对外贸易后，A 国只生产产品一，B 国只生产产品二，所以，贸易后 A、B 两国的劳动工资分别为：$W_{TA} = \frac{P_1}{L_{A1}}$，$W_{TB} = \frac{P_2}{L_{B2}}$，因此，对外贸易后两国劳动工资比率变为：

$$\frac{W_{TA}}{W_{TB}} = \frac{P_1 \times L_{B2}}{P_2 \times L_{A1}} \tag{2—27}$$

又因为：$\frac{P_{A1}}{P_{A2}} = \frac{L_{A1}}{L_{A2}} < \frac{P_1}{P_2} < \frac{P_{B1}}{P_{B2}} = \frac{L_{B1}}{L_{B2}}$，将其代入式（2—27），可得：

$$\frac{L_{B2}}{L_{A2}} < \frac{W_{TA}}{W_{TB}} < \frac{L_{B1}}{L_{A1}} \tag{2—28}$$

因此，根据式（2—28）可以判断，A、B 两国开展对外贸易后，两国的劳动工资比率将介于两国各产业劳动生产比率之间。

二　特定要素模型与要素收入分配

亚当·斯密和大卫·李嘉图等古典经济学家提出的贸易理论说明了对外贸易的潜在利益，即对外贸易导致各国劳动从生产率相对较低的部门转移到生产率相对较高的部门，从而形成了各具优势的专业分工。但是，现实生产中所需的投入要素不是只有劳动要素，对外贸易影响一国生产产品的选择，必然对要素收入分配产生巨大的影响。具体表现在，资源不可能立即、更不可能无成本地从一个部门转移到另一个部门；每个部门、每种产品对资源的需求不一样，提高一种产品产量所需要的生产要素与减少一种产品生产所释放的生产要素之间并不是完全匹配的，可能会导致对一种生产要素需求的相对增加，以及对另一种生产要素需求的相对减少。基于此，特定要素模型分析了国际贸易对于一国国内不同性质生产要素收入分配所产生的影响。

(一) 模型假定

特定要素模型由保罗·萨缪尔森和罗纳德·琼斯创建和发展。模型假设世界上只有两个国家：A国和B国，每个国家都只生产两种产品：产品一和产品二，每个国家的生产要素有三种：劳动（L）、资本（K）和土地（T），但是每种产品生产所需的投入要素只有两种。其中，产品一需要的生产要素是劳动和资本，产品二需要的生产要素是劳动和土地。即劳动是每个部门都需要的流动要素，而资本和土地是只适用于一个部门的特定要素。则产品一和产品二的生产函数分别为：$Q_1 = Q_1(K, L_1)$和$Q_2 = Q_2(T, L_2)$，在此，Q_1、L_1、Q_2、L_2、K、T分别表示产品一的产出、劳动投入，产品二的产出、劳动投入，资本投入和土地投入，同时$L_1 + L_2 = L$，满足边际报酬递减规律。

根据利润最大化准则，每个部门对劳动的要求量，都符合边际成本等于边际收益的原则。那么，劳动在两个部门的分配都满足的条件为：增加1单位劳动投入生产获得的价值等于雇用1单位劳动发生的成本。因此，$MP_{L1} \times P_1 = W$，$MP_{L2} \times P_2 = W$，这里MP_{L1}、MP_{L2}、P_1、P_2、W分别表示产品一所属部门的边际劳动产出、产品二所属部门的边际劳动产出、产品一的价格、产品二的价格和劳动工资。由于劳动要素是可自由流动的要素，因此，劳动报酬在两个部门是相等的。根据劳动报酬相等的结果，可知：

$$MP_{L1} \times P_1 = W = MP_{L2} \times P_2，或\frac{MP_{L2}}{MP_{L1}} = \frac{P_1}{P_2}。$$根据此式可以判断，随着产品一和产品二相对价格的变化，劳动在两个部门的配置会随之变化，并引发要素收入分配的变化。那么，对外贸易究竟会导致产品相对价格如何改变？进而产品相对价格的改变对要素收入分配产生什么样的影响呢？

(二) 对外贸易与产品相对价格

假设A国的资本要素相对丰裕、土地要素相对稀缺，B国的土地要素相对丰裕、资本要素相对稀缺。那么，A国生产产品一

的相对价格比 B 国要低，而 B 国生产产品二的相对价格较低。同时，对外贸易前，两国生产产品的相对价格有差异，在封闭经济中，每个国家的生产等于消费 $D_1 = Q_1$，$D_2 = Q_2$。国际贸易虽然使得一国可以消费不同于产出的产品组合，但并不意味着一国的消费可以无限，消费的价值仍然必须等于生产的价值，即满足：

$P_1 \times D_1 + P_2 \times D_2 = P_1 \times Q_1 + P_2 \times Q_2$，或 $D_2 - Q_2 = \dfrac{P_1}{P_2} \times$
$(Q_1 - D_1)$。其中，$(D_2 - Q_2)$ 表示一国产品二的进口量，$(Q_1 - D_1)$ 表示一国产品一的出口量。公式虽然不能指明一国的进口与出口量的具体数值，但却明确表明了任何一个国家能够进口的产品是有限的。

当两国贸易开放建立一个统一的世界经济体后，产品一的世界相对价格位于两国贸易前的相对价格之间。对外贸易使产品一的相对价格在 A 国上升，在 B 国下降。A 国由于产品一相对价格上升，使得产品二对产品一的相对消费增加以及产品二相对产出减少，成为产品一的出口国和产品二的进口国；B 国对外贸易后产品一的相对价格下跌，导致产品一对产品二的相对消费增加，相对产出减少，成为产品一的进口国和产品二的出口国。均衡时，A 国产品一的出口量等于 B 国产品一的进口量，同时 A 国产品二的进口量等于 B 国产品二的出口量。因此，国际贸易最终导致各国相对价格的趋同。

（三）产品相对价格与要素收入分配

产品相对价格的变化进一步导致要素收入分配的变化。假设产品一的相对价格上升，则产品一所在部门的劳动需求上升，劳动从产品二所在部门向产品一所在部门转移，产品一产出增加而产品二产出减少。由于部门一的就业上升，则该部门的劳动边际产出下降，因此，劳动报酬上升幅度要小于产品价格的上升幅度。这样的结果，使得劳动者、资本和土地要素的收入分配发生变化，劳动者报酬虽然上升，但上升幅度小于产品价格上升幅度，因此以产品一衡量的实际工资下降，但以产品二衡量的实际工资上升；由于以产品一衡量的实际工资下降，表明以产品一衡量的资本要素收益增加，即资本要素的收益幅度大于产品价格的上升幅度。同时，产品一的相对价格上升，即$\frac{P_1}{P_2}$增加，表明用两种产品衡量的资本要素收益都增加了；由于以产品二衡量的实际工资上升表明土地要素收入减少，土地要素受损，同时产品一相对价格的上升也使土地要素购买力下降。

总之，对外贸易后 A 国产品一相对价格（$\frac{P_1}{P_2}$）上升，导致了用产品一衡量的实际工资下降而用产品二价格衡量的实际工资上升。部门一的实际工资下降，所以资本要素受益，资本所有者的收入增加；产品二衡量的实际工资上升，土地要素受损，土地所有者的收入减少；而劳动力要素报酬在不同部门升降不一，同时产品价格升降也不一，因此劳动力要素的收益不定。$\frac{P_1}{P_2}$本身的变化也说明了对收入分配的影响，资本所有者以产品一价格衡量的收入增加，购买力又由于产品一相对价格的上升而增加；土地所有者以产品二衡量的收入减少，而产品一相对价格的上升又削弱其购买力。同理，B 国产品一相对价格下降，意味着土地要素受益、资本要素受损、劳动力要素不定。总结起来，特定要素模型说明，对外贸易使出口部门的特定要素所有者受益、与进口产品竞争部门的特定要素所有者受损，而流动要素所有者的收益变动不确定。

三　要素禀赋理论与要素收入分配

李嘉图模型中，假设劳动是唯一的生产要素，因此判断各国比较优势的唯一标准就是各国劳动生产率的高低。然而，劳动生产率的差异只能部分解释国际贸易产生的原因，除此之外，对外贸易的发生也反映了国家间资源禀赋的差异，用各国资源禀赋差异来解释国际贸易产生原因的学说，由瑞典经济学家伊莱·赫克歇尔和贝蒂儿·俄林提出，通常被称为要素禀赋理论（也称 H－O 理论）。

要素禀赋理论强调不同国家的资源禀赋差异及不同产品生产要求的要素投入比例不同。其中，不同国家要素禀赋差异指的是，有的国家某种生产要素比较丰裕，而另一种生产要素比较稀缺。一国丰裕的生产要素，指该国供给相对较多的生产要素，稀缺要素指该国供给相对较少的生产要素。而不同产品要求投入的要素比例不同指的是，有的产品资本要素投入比劳动多，有的产品劳动要素投入比资本多。要素投入比例的不同决定了产品的不同属性，是不同要素密集型的产品，要求投入劳动要素较多的为劳动密集型产品，要求投入资本要素较多的为资本密集型产品。在赫克歇尔—俄林模型中，各国的资源禀赋差异是国际贸易产生的唯一原因。

（一）要素禀赋与国际贸易

与特定要素模型一样，要素禀赋理论也假设世界上只有两个国家：A 国和 B 国，每个国家都生产两种产品，每种产品的生产都需要两种要素的投入。但与特定要素模型中假定每个部门所需的要素中，有一种是本部门的特定要素不同，要素禀赋理论假设了每个部门投入的两种要素是相同的。假设不同国家生产产品中投入的两种要素分别为：劳动（L）和资本（K），那么，国家的要素禀赋、产品的要素密集性与对外贸易的关系表现在：

首先，不同国家的要素禀赋不同。A 国和 B 国开展对外贸易的基础在于，两国是不同要素丰裕型的国家。判断国家要素禀赋的方法有两种：其一，用 A 国的总资本/总劳动（$\frac{K}{L}$）与 B 国的总资本/总劳动（$\frac{K}{L}$）进行比较。比率高的为资本丰裕型国家，比率低的为劳动丰裕型国家。其二，用各国国内要素价格比来判断，资本的价格除以劳动的价格（$\frac{r}{w}$），比率低的为资本丰裕型国家，比率高的为劳动丰裕型国家。总之，要素禀赋是一个相对概念，而非绝对概念，一国属于何种要素丰裕型，依据的是要素相对数量或相对价格。

其次，不同商品投入的要素比例不同。要素投入比例的不同决定着产品的不同特征，是不同要素密集型产品。要素密集性和要素丰裕度一样是一个相对的概念，假设生产两种产品：产品一和产品二，若生产 1 单位产品一所需的资本/劳动（$\frac{K}{L}$）比率，比生产 1 单位产品二所需的资本/劳动（$\frac{K}{L}$）比率高，则称产品一为资本密集型产品，产品二为劳动密集型产品。

最后，要素禀赋与要素比例的结合决定了一国的对外贸易模式。一国比较优势的判断在于要素禀赋的不同，若国家 A 的劳动要素较为丰裕，则劳动力价格较为低廉，密集使用劳动要素所生产的产品，其成本相对较低，从而劳动密集型产品在该国具有比较优势。反之，国家 B 的资本要素较为丰裕，则资本价格相对较低，密集使用资本要素生产的产品，其成本相对较低，则该国的比较优势在于生产资本密集型产品。比较优势决定了一国的对外贸易结构，因此，按照要素禀赋理论，一国在对外贸易发展中，应当出口密集使用本国丰裕要素生产的产品，进口密集使用本国稀缺要素生产的产品。即若国家 A 劳动要素较为丰裕、资本要素较为稀缺，则国家 A 对外贸易结构应当是：出口密集使用劳动要素生产的产品（劳动密集型产品），进口密集使用资本要素生产的产品（资本密集型产品），反之亦然。

（二）斯托尔珀—萨缪尔森定理与要素收入分配

赫克歇尔—俄林理论指出了要素禀赋的差异是比较优势产生的原因，揭示了由要素禀赋差异引起的国际贸易模式。但是，赫克歇尔—俄林理论并没有直接指明对外贸易对一国要素收入分配的影响。经济学家斯托尔珀和萨缪尔森1941年发表的《贸易保护和实际工资》一文中，在赫克歇尔—俄林理论的假定基础上提出斯托尔珀—萨缪尔森定理（也称SS定理），即从封闭走向贸易开放的经济体，出口密集使用本国丰裕要素生产的产品，进口密集使用稀缺要素生产的商品，这种贸易行为必然会对该经济体内部的商品价格产生影响，从而改变该国要素价格。

假设完全竞争市场，一国生产两种产品：产品一、产品二，每种产品的生产都需要投入两种要素：劳动（L）和资本（K），产品一为劳动密集型，产品二为资本密集型，生产表现为规模报酬不变、生产技术恒定，α_{LX}、α_{KX}为生产产品X所需要的劳动和资本投入量，根据假设，可知：$\dfrac{\alpha_{L1}}{\alpha_{K1}} > \dfrac{\alpha_{L2}}{\alpha_{K2}}$。在完全竞争市场状态下生产两种产品，则最终市场的均衡状态表现为每种产品的价格等于其平均成本或边际成本。即：

$$P_1 = \alpha_{L1} \times W + \alpha_{K1} \times R \tag{2—29}$$

$$P_2 = \alpha_{L2} \times W + \alpha_{K2} \times R \tag{2—30}$$

对式（2—29）和式（2—30）取全微分，可得：

$$dP_1 = \alpha_{L1} \times dW + \alpha_{K1} \times dR \tag{2—31}$$

$$dP_2 = \alpha_{L2} \times dW + \alpha_{K2} \times dR \tag{2—32}$$

式（2—31）两边同时除以P_1，右边第一项分子和分母同时乘以劳动工资W，第二项分子和分母同时乘以资本价格R。式（2—32）两边同时除以P_2，右边第一项分子和分母同时乘以劳动工资W，第二项分子和分母同时乘以资本价格R。得：

$$\frac{dP_1}{P_1} = \left(\frac{\alpha_{L1}W}{P_1}\right) \times \left(\frac{dW}{W}\right) + \left(\frac{\alpha_{K1} \times R}{P_1}\right) \times \left(\frac{dR}{R}\right) \tag{2—33}$$

$$\frac{dP_2}{P_2} = \left(\frac{\alpha_{L2}W}{P_2}\right) \times \left(\frac{dW}{W}\right) + \left(\frac{\alpha_{K2} \times R}{P_2}\right) \times \left(\frac{dR}{R}\right) \tag{2—34}$$

在此设$\beta_{L1} = \dfrac{\alpha_{L1}W}{P_1}$，$\beta_{K1} = \dfrac{\alpha_{K1}R}{P_1}$，$\beta_{L2} = \dfrac{\alpha_{L2}W}{P_2}$，$\beta_{K2} = \dfrac{\alpha_{K2}W}{P_2}$，则式

（2—33）、式（2—34）可以写成：$\dfrac{\mathrm{d}P_1}{P_1} = \beta_{L1} \times \left(\dfrac{\mathrm{d}W}{W}\right) + \beta_{K1} \times \left(\dfrac{\mathrm{d}R}{R}\right)$

和 $\dfrac{\mathrm{d}P_2}{P_2} = \beta_{L2} \times \left(\dfrac{\mathrm{d}W}{W}\right) + \beta_{K2} \times \left(\dfrac{\mathrm{d}R}{R}\right)$，其中，$\beta_{L1}$、$\beta_{K1}$、$\beta_{L2}$、$\beta_{K2}$ 分别表示产品一的劳动份额和资本份额及产品二的劳动份额和资本份额，满足 $\beta_{L1} = 1 - \beta_{K1}$，$\beta_{L2} = 1 - \beta_{K2}$。由于产品一为劳动密集型产品，而产品二为资本密集型产品，因此可知：$\beta_{L1} > \beta_{L2}$，$\beta_{K2} > \beta_{K1}$。

假设国家 A 为劳动丰裕型国家，因此劳动密集型产品在国家 A 的相对价格较低，具有比较优势，而资本密集型产品在国家 A 的相对价格较高，是比较劣势产品。根据要素禀赋理论，国家 A 应出口产品一，进口产品二。随着产品一出口的增加，对产品一的需求上升，产品一的价格 P_1 上升；相反，随着产品二进口的增加，对产品二的供给增加，产品二的价格 P_2 下降。即：

$$\frac{\mathrm{d}P_1}{P_1} = \beta_{L1} \times \left(\frac{\mathrm{d}W}{W}\right) + \beta_{K1} \times \left(\frac{\mathrm{d}R}{R}\right) > 0 \qquad (2—35)$$

$$\frac{\mathrm{d}P_2}{P_2} = \beta_{L2} \times \left(\frac{\mathrm{d}W}{W}\right) + \beta_{K2} \times \left(\frac{\mathrm{d}R}{R}\right) < 0 \qquad (2—36)$$

根据式（2—35）、式（2—36）可以初步判断 W 和 R 的变动方向是相反的，一个上升，另一个下降；又因为 $\beta_{L1} > \beta_{L2}$，$\beta_{K2} > \beta_{K1}$，那么，如果要同时满足式（2—35）和式（2—36），则必然要求劳动工资的变动是趋于上升的，而资本价格的变动是趋于下降的。即 $\dfrac{\mathrm{d}W}{W} > 0$，$\dfrac{\mathrm{d}R}{R} < 0$。又因为 $\beta_{L1} < 1$，$\beta_{K2} < 1$，所以满足：$\dfrac{\mathrm{d}P_1}{P_1} <$ $\dfrac{\mathrm{d}W}{W}$，$\dfrac{\mathrm{d}P_2}{P_2} > \dfrac{\mathrm{d}R}{R}$，因此，可以推导出：$\dfrac{W}{P_1}$、$\dfrac{W}{P_2}$ 上升，同时，$\dfrac{R}{P_1}$、$\dfrac{R}{P_2}$ 下降。反之，在资本要素丰裕、劳动要素稀缺的国家 B，对外贸易发展导致劳动密集型产品一的价格下降，资本密集型产品二的价格上升。最终导致 $\dfrac{W}{P_1}$、$\dfrac{W}{P_2}$ 下降，同时，$\dfrac{R}{P_1}$、$\dfrac{R}{P_2}$ 上升。

简言之，对外贸易导致了产品在两国相对价格的趋同，相对价格在各国国内的变动又对劳动和资本要素的收入产生影响。在劳动要素丰裕、资本要素稀缺的国家，劳动密集型产品相对价格的上升使得以两种产品价格衡量的劳动收入购买力均增强，以两种产品衡量的资本要素购买力均削弱。在资本要素丰裕、劳动要素稀缺的国家，资本密集型产品相对价格的上升，使得以两种产品价格衡量的资本要素购买力都增强，以两种产品价格衡量的劳动收入购买力都削弱。因此，对外贸易导致了一国国内收入分配的变化为：一国丰裕要素所有者从贸易中获益，稀缺要素所有者因贸易而受损。

四　戴维斯模型与要素收入分配

在 H - O 理论基础上，SS 定理得出，对外贸易将改善一国丰裕要素收入而恶化稀缺要素收入的结论。但是，Davis（1996）提出，H - O 理论对于各国对外贸易模式的判断，是基于全球视角划分的各国要素禀赋的不同，从全球视角判断贸易模式本身值得商榷。因此，SS 定理在此基础上得出的结论也有待进一步改善。进而，Davis（1996）提出，应从生产集角度重新认识 H - O 理论及其结论，重新分析国际贸易对不同国家要素收入分配的影响。

（一）理论模型

假设在完全竞争市场，共有三种产品：X、Y、Z，每种产品的生产都需要投入两种要素：劳动（L）和资本（K），生产满足规模报酬不变，且 X、Y、Z 三种产品的资本密集性递减。在此，设 $\dfrac{K}{L} = k$，产品的资本密集性递减意味着为 $k_X > k_Y > k_Z$。世界上所有国家国内两种要素的资源禀赋比均在集合 $(k_Z、k_X)$ 中，因此所有国家都可以多样化生产产品。根据生产集将所有国家分为两类：生产集位于 $(k_Z、k_Y)$ 的南部地区，生产集位于 $(k_Y、k_X)$ 的北部地区。根据产品的要素密集性，可知南部地区生

产 Y 产品和 Z 产品，北部地区生产 X 产品和 Y 产品，北部地区相对于南部地区而言，倾向于生产资本密集性更高的产品。

与 H－O 理论直接根据国家的要素禀赋和产品的要素密集性来判断各国的对外贸易结构不同，Davis（1996）提出应从生产集的角度，结合 H－O 定理判断各国的对外贸易结构。如位于生产集（k_Z、k_Y）的南部地区，虽然都生产产品 Y 和 Z，然而具体国家的对外贸易模式需根据该国在生产集中的相对要素丰裕度来确定。

如图 2—1 所示，将所有南部地区根据生产集的不同位置划分为 A、B、C 三个区域。虽然从全球视角看 A、B、C 三个区域相对于 D、E、F 而言都是劳动丰裕、资本稀缺的国家。然而，在同样无法生产 X 产品的区域内，A、B、C 也各具特征。位于 A 区域的是南部地区资本较为丰裕的国家，生产较多的 Y、较少的 Z，因此，出口 Y、进口 X 和 Z；位于 C 区域的是南部地区劳动要素较为丰裕的国家，与 A 区域国家相反，生产较多的 Z、较少的 Y，因此，出口 Z、进口 X 和 Y；要素禀赋相对中性的 B 区域，生产的 Y 和 Z 不仅满足自身的需求，同时还出口以换回 X 产品。

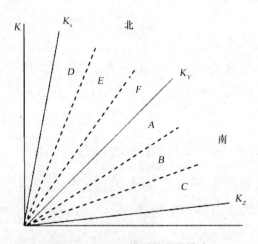

图 2—1   Davis 模型的贸易模式

因此，南部地区的贸易模式并不像 H – O 理论预言的那样具有一致性，位于南部不同区域的国家各具不同的对外贸易模式（详见表 2—1）。同理，北方国家也可以根据要素禀赋的相对差异分为 D、E、F 三大区域，各区域的贸易模式各有不同，D 区域是北部地区资本要素更为丰裕的国家，相对生产更多的 X 产品、更少的 Y 产品，因此，出口 X、进口 Y 和 Z；F 区域是北部地区资本要素较为稀缺的国家，生产更多的 Y 产品、更少的 X 产品，因此，出口 Y、进口 X 和 Z；要素禀赋较为中性的 E 区域所在国，同时生产并出口 X、Y、进口 Z（如表 2—2 所示）。

表 2—1   南部地区的贸易模式

区域	出口产品	进口产品
A	Y	X、Z
B	Y、Z	X
C	Z	X、Y

表 2—2   北部地区的贸易模式

区域	出口产品	进口产品
D	X	Y、Z
E	Y、X	Z
F	Y	X、Z

（二）生产集与要素收入分配

不同于 H – O 理论的全球要素禀赋视角，Davis（1996）是在同一生产集中区分不同国家的要素禀赋，并借以判断各国的贸易模式。同时，Davis（1996）也强调了不同国家贸易模式对各国的要素收入分配产生的重大影响，但结论与 SS 理论分析的结果有所不同。

如表 2—3 所示，位于生产集（k_Z、k_Y）的南部地区 C 区域所在国，在传统意义上属于劳动要素丰裕、资本要素稀缺的国家，对外贸易导致劳动要素收入的增加、资本要素收入的减少。只是Davis（1996）强调对外贸易对 C 区域国家收入分配的影响，并不是因为从全球视角看 C 是劳动丰裕型国家，而是从生产集角度上分析，C 区域是南部地区劳动要素丰裕型的国家；位于同一生产集的 A 区域所在国，虽然从全球视角，也属于劳动要素丰裕、资本要素稀缺的国家，但由于在生产集内属于资本要素较为丰裕、劳动要素稀缺的国家，因此，贸易自由化降低了劳动者收入，提高了资本要素收入。

表 2—3   要素收入分配变化

国家类型	区域	劳动要素	资本要素
北部	D	−	+
	F	+	−
南部	A	−	+
	C	+	−

同理，位于生产集（k_Y、k_X）的 D 区域所在国，从传统意义上属于资本要素丰裕、劳动要素稀缺的国家，对外贸易导致资本要素收入的增加、劳动要素收入的减少。同样，Davis（1996）强调这只是因为在生产集领域内，D 属于资本要素丰裕、劳动要素稀缺的国家；位于同一生产集的 F 区域所在国，由于在生产集内属于劳动要素丰裕、资本要素稀缺的国家，因此，对外贸易使 F 区域劳动要素收入增加而资本要素收入减少。

综上所述，由 Davis（1996）揭示的对外贸易与要素收入分配的关系，可以发现，虽然 A、F 区域所在国的贸易结构完全相同，但对外贸易对收入分配的影响却截然不同；虽然 A 和 C、D 与 F 从全球角度看属于要素禀赋相同的国家，但对外贸易对收入分配的影响也截然相反。Davis（1996）指出这些现象都源于要素禀赋、贸易结构建立在生产集划分上，而不是简单的相对数量或相对价格分析上。

第三节 国际贸易影响劳动收入份额的实证研究

上述研究从理论层面上，对国际贸易影响劳动收入份额的情况进行了深入分析，与之相对应，伴随全球化的深化，越来越多的研究开始利用不同国家、不同层次、不同时期的样本，对这一影响进行验证。但是，这些基于不同国家、不同层次、不同时期的实证研究，相互之间在结论及具体解释上，存在较为明显的矛盾。

一 贸易影响劳动收入份额的实证研究：多国样本

Boggio 等（2012）总结强调，虽然经济体之间贸易的上升始自 20 世纪 90 年代初，而劳动收入份额的下降始自 20 世纪 80 年代初，两者之间呈现十年的滞后期，不过，对外贸易对劳动收入份额的影响却是不容忽视的。正如上一节相关理论研究所指出的，国际贸易对劳动收入份额的影响非常复杂。利用不同样本对这一影响的实证研究，所得到的结果相互之间存在较为明显的矛盾。

（一）恶化论

与国际贸易理论提出的对外贸易恶化资本要素丰裕国家的劳动收入份额、改善劳动丰裕国家的劳动收入份额不同，很多学者在实证检验中发现，对外贸易的恶化作用不仅体现在发达国家，同样表现在发展中国家。同时，这些研究将对外贸易发展恶化劳动收入份额的主要原因解释为，对外贸易影响了劳动者和企业的相对谈判能力。还有少量研究认为，国际贸易可能导致高劳动收入份额的产业权重下降。

　　Ortegay 和 Rodriguez（2001）利用 176 个国家 1960—1999 年的面板数据研究发现，贸易发展恶化劳动收入份额的结论，无论是对高收入国家还是对低收入国家，都是成立的，贸易开放恶化劳动收入份额是一个全球现象。Reddy 和 Dube（2001）的研究同样发现无论是对于发展中国家还是对于发达国家而言，劳动收入份额与贸易开放都呈现负向关系。在对加拿大等北美国家工业行业的考察过程中，Morel（2005）发现劳动收入份额受到国际贸易、劳动生产率等因素影响，国际贸易不利于劳动收入份额的提高。Guscina（2006）使用 18 个 OECD 国家 1960—2000 年的数据，以进出口总额占 GDP 的比重作为贸易开放度的衡量指标，结果显示贸易开放的增加，或者与发展中国家贸易量的增加，都会恶化 OECD 工业化国家的劳动收入比重，国际贸易与生产率对劳动收入份额的影响具有同等重要的地位。

　　进而，Harrison（2005）强调，劳动者和企业谈判地位取决于替代报酬和重置成本，劳动收入份额与劳动替代报酬、资本重置成本呈正相关关系，与资本替代报酬、劳动重置成本呈负相关关系。另外，从结构调整的角度看，Decreuse 和 Maarek 将 HOS 模型与 Davis（1998）提出的工资刚性联系在一起，使用 8 个 OECD 国家 1970—2005 年的数据分析发现，对外贸易的发展导致工资刚性国家的资本密集型行业权重增加；由于资本密集型行业的劳动收入份额小于劳动密集型行业，因此，随着资本密集型行业权重的增加，劳动收入份额必然下降，表现了与对外贸易的反向关联。Azmat 等（2007）、Schneider（2011）也指出，贸易开放对各个产业的影响是不一样的，可能导致高劳动份额的产业权重降低，而低劳动份额的产业权重上升，进而通过不同产业权重的调整影响一国宏观的劳动收入份额变动。同时，对外贸易的增加增强了国内竞争，降低了企业的利润水平，影响工资报酬。

　　（二）不显著论

　　还有部分研究认为，贸易影响劳动收入份额的途径较多，而这些不同效应之间可能存在相互抵消的情况，导致贸易对劳动收入份额的影响不显著。如 Brock 等（2002）提出，对外贸易对劳动收入份额的影响是多维的，不同影响渠道之间可能会产生相互抵消的效果，从而导致贸易的影响不显著，使用比利时 1987—1995 年制造业行业中 1.2 万个企业样本数据进行的实证检验，支持了对外贸易对劳动收入份额影响不显著的判断。Bush 等（2008）同样提出，贸易对劳动收入份额的影响是多维的，如进口与出口、不同地区、不同时间段的选择等都有可能对检验结果产生重大影响，他们使用德国和意大利不同地区 1991—2005 年的数据，对两国贸易开放影响劳动收入份额的实证研究结果也表明，对外贸易对意大利劳动收入份额的影响不显著；同时，将德国按原东西德地区划分发现，虽然前东德地区的贸易开放度要远低于德国平均水平，但东德地区的劳动收入份额下降却比原西德地区要大得多。这说明，不能简单地根据实证结果显著与否，来判断对外贸易对劳动收入份额的影响，甚或得出对外贸易对劳动收入份额不产生影响的结论。

针对恶化论提出的谈判能力机制，有研究对贸易是否确实降低劳动者的谈判能力提出了质疑。如 Gaston 和 Trefler（1995）通过建立贸易和保护对工会工人工资影响的模型，认为贸易自由化对劳动收入份额的影响同样具有不确定性。

（三）改善论

还有少量文献认为对外贸易通过"工资溢价"、要素再配置等方式，可以在一定程度上提高劳动收入份额。如 Bernard 和 Jensen（1995）采用美国制造业企业数据，首次证实了出口企业的"工资溢价"现象，表明出口企业有能力为其员工支付更高的工资，但是 Bernard 和 Jensen（1995）并没有深入研究对外贸易是否会提高劳动收入份额。Bernard 等（2007）将 Melitz（2003）异质性企业模型引入到新古典贸易理论中，发现出口贸易不仅引发了部门间的要素流动，也促进了微观企业要素资源的重新配

置，低效率企业退出市场，生产要素不断向高效率企业转移，SS
定理在企业异质性下仍然成立且具有扩大效应。Decreuse 和
Maarek（2007）使用 89 个发展中国家 1980—2000 年的面板数据
研究 FDI 对劳动收入份额的影响时，引入贸易开放度作为控制变
量，结果表明贸易开放与劳动收入份额呈正向关系，贸易开放程
度加深通过资源的优化配置提升了劳动收入份额。

二　贸易影响劳动收入份额的实证研究：中国样本

　　20 世纪 90 年代中期开始，中国的初次收入分配中，同样出现了
劳动收入份额持续走低的现象，引发了学术界和政府层面的普遍关
注。劳动收入份额下降意味着居民可支配收入的减少，是中国居民
消费倾向较低的主要原因，必将不利于中国经济结构的良性调整
（李扬和殷剑峰，2007）；同时，由于资本在居民间的分布要比劳动
力更加不均，因此劳动收入份额的下降会恶化规模性收入分配，扩
大居民的贫富差距。随着国际社会关于全球化对劳动收入份额影响
研究的深入，中国国内部分学者运用不同时间段的省际、工业和企
业层次的面板数据，以对外贸易依存度、出口依存度或进口依存度
替代中国的外贸发展，实证检验了对外贸易对中国劳动收入份额的
影响。与国外同类研究类似，研究中国外贸对劳动收入份额的影响，
同样没有取得较为一致的意见，而且，即使实证检验结果相同，不
同学者对相同结论的原因解释也存在较大差异。

　　（一）改善论

　　从单纯检验的角度，陈景华（2007）、邵敏和黄玖立
（2009）、陈怡（2011）、周申和杨红彦（2011）等都证实，对外
贸易提高了中国的劳动收入份额。如周申和杨红彦（2011）利用
中国工业部门 21 个细分行业 2000—2009 年的面板数据，通过系
统广义矩方法研究了国际贸易对工业部门劳动收入份额的影响，
结果显示国际贸易显著提高了工业部门的劳动收入份额，他们对
这一结果的解释是，国际贸易使得工业部门劳动密集型行业和生

产过程出现扩张，行业内的生产要素重新配置，提高了工业部门的工资收入，进而促进了劳动收入份额的改善。

相比于单纯检验，更深入的研究包括：第一，根据 HOS 模型、SS 模型等理论，中国作为劳动力要素较为丰裕的国家，开展对外贸易将提高劳动要素的收入份额，国内部分研究对这一判断进行了检验。如白重恩和钱震杰（2010）提出，对外贸易主要通过要素禀赋与劳动者的议价能力影响劳动收入份额，但鉴于中国劳动者不具备议价能力，对外贸易对中国劳动收入份额的影响主要与中国的要素禀赋有关；利用中国 1996—2003 年的省际面板数据，他们检验并证明了 H－O 理论的判断，即对外贸易提高了中国的劳动收入份额。而 Huang 等（2011）则认为，对外贸易对劳动收入份额同时产生"要素收入效应"和"技术进步效应"，在控制技术进步效用的情况下，依据中国 1987—2006 年的省级面板数据，他们发现，无论是进口贸易还是出口贸易都显著提高了劳动收入份额。因此，Huang 等（2011）提出考虑技术进步因素之后的 SS 定理在中国显著成立的结论。

第二，还有部分研究虽然也认为对外贸易可以改善中国的劳动收入份额，但是这些研究对贸易改善劳动收入份额结论的解释，并不同于上述经典的国际贸易理论。如姜磊和张媛（2008），他们在刘易斯（1954）模型的基础上，建立了分析劳动分配比例影响因素的框架，其后，依据 1996—2006 年 26 个省际①的面板数据发现，对外贸易提高了中国的劳动收入份额；其中，出口贸易显著改善了劳动分配比例，进口贸易恶化了劳动分配比例；他们认为，原因在于中国出口的是技术含量较低的劳动密集型产品，可以吸纳大量的劳动力，缓解就业压力，但劳动生产率提高慢，因此出口贸易的就业效应大于劳动生产率效应；而进口贸易

---

① 剔除北京、上海和天津三个直辖市和西藏自治区，并将重庆与四川数据合并。

正好相反，进口促进了技术的扩散，带来了生产率的提高，但吸收劳动力的能力较弱；正是由于出口对劳动分配比例的影响大于进口的影响，导致了对外贸易的就业效应大于劳动生产率效应，随着中国对外贸易的发展，劳动收入份额上升。

与姜磊和张媛（2008）一样，罗长远和张军（2009）也认为对外贸易有助于提高中国的劳动收入份额，但他们的解释又与姜磊和张媛（2008）截然相反。利用1987—2004年的省际面板数据，罗长远和张军（2009）发现中国的出口贸易并没有显著改善劳动收入占比，但包括整个进出口在内的国际贸易对劳动收入占比有一定的促进作用，因此，罗长远和张军（2009）认为这种促进作用只能是通过进口贸易来实现的；出口不能显著改善劳动收入占比，主要是与外资在中国出口中所占的地位、中国出口逐渐向资本密集型产品转移及传统出口产品的贸易条件恶化有关；而中国的进口主要是资本密集型产品，有利于改善劳动收入占比；正是由于进口贸易对劳动收入占比的效应大于出口贸易，最终表现为对外贸易对劳动收入份额的促进作用。

（二）恶化论

与姜磊和张媛（2008）、罗长远和张军（2009）采用省际面板数据一样，赵秋运等（2012）利用1995—2007年的省际面板数据，在工资刚性视角下研究了中国贸易对劳动收入份额的影响，发现国际贸易对中国劳动收入份额具有显著的负向影响，他们对这一结果的解释与 Azmat 等（2007）、Schneider（2011）等类似，即随着国际贸易的进一步发展，中国国内存在的工资刚性，使得资本密集型行业比重增加，要素在部门间的重新配置，恶化了劳动收入份额。

沿着姜磊和张媛（2008）、罗长远和张军（2009）的分析思路，李坤望和冯冰（2012）侧重分析了工业行业层面、贸易开放对劳动收入份额的影响。利用1998—2003年省际工业面板数据，李坤望和冯冰（2012）的研究发现，工业行业的贸易恶化了劳动收入份额，且进口贸易与出口贸易的发展都不利于劳动收入份额的改善。对此，李坤望和冯冰（2012）认为工业行业出口贸易的弱负向作用，源于中国工业出口产品结构向资本密集型产品转移、外资企业在出口中的高比重、加工贸易为主的出口贸易模式削弱了劳动者的讨价还价能力；而工业进口的资本密集型产品蕴含了劳动节约型的技术进步，对劳动要素分配地位的负面效应超过了对进口替代部门的挤出效应，使得进口贸易发展的同时，劳动要素在分配中的地位不断恶化。同样，支晓云、张二震（2012）利用1997—2009年中国34个工业行业数据，研究国际贸易对收入分配的影响时也发现，国际贸易不利于劳动收入分配，理由是中国对外贸易的发展并没有增加劳动的相对需求，从而也就未能提高工人的工资收入份额。

还有部分立足于企业层面的研究，也得出了对外贸易恶化劳动收入份额的结论。如周明海等（2010）利用世界银行2003年采集的对部分中国企业1999—2002年的调查数据，发现出口对中国劳动收入份额存在显著的负效应。张杰等（2012）使用2000—2007年规模以上工业企业数据，也证实出口是抑制中国制造业企业劳动收入份额增长的重要因素；而且，张杰等（2012）的研究还表明，中国民营企业是出口的主力军，而出口对劳动收入份额的抑制效应主要体现在民营企业和港澳台企业上，因此，出口对民营企业劳动收入份额增长率的抑制效应，必然会传导到宏观层面，导致整体劳动收入份额的下降。

第四节 简评

从20世纪80年代开始，劳动收入份额在世界范围内的普遍下降，引发了国内外学术界对劳动收入份额相关研究的兴趣。尽管国际贸易的迅速增长是始自20世纪90年代初，但伴随全球化的日益深入，对贸易影响劳动收入份额的关注也越来越多。只是，国内外相关研究利用不同国家、不同数据层次、不同时间段的样本，依据不同理论和实证方法，虽取得了一些前期研究成果，但仍然存在很多的疑问有待进一步解答。

首先，现有国内外不同研究的结果并不能简单类比。因为一方面，不同研究测度劳动收入份额的方法存在较大差别，而且，即使测度方法相同，各项研究使用数据的统计口径也可能不同，特别是针对多国别样本的研究。另一方面，不同国家在制度、地理位置、文化、历史等诸多方面存在巨大差异，实际研究中如果不控制国家异质性，只单纯研究贸易对劳动收入份额的影响，本身就是不科学的。从这个角度，在准确测度劳动收入份额的前提下，针对单一国别的研究，更能加深我们对贸易如何影响劳动收入份额问题的认识。

其次，立足于中国样本的研究，大多是侧重于检验对外贸易影响劳动收入份额的方向和程度，对影响机制只是在解释实证结果时略有提及。相比而言，国外针对贸易影响劳动收入份额的实证研究，更为关注具体的影响机制。如 Rodrik（1997）、Ortegayand 和 Rodriguezz（2001）等对贸易影响劳动收入份额租金分享机制的研究；Azmat 等（2007）、Decreuse 和 Maarek（2011）、Schneider（2011）等对结构调整机制的研究。因此，对国际贸易如何影响中国劳动收入份额问题的研究，也必须从这些不同的影响机制出发。

最后，国际贸易理论在分析贸易如何影响劳动收入份额的时候，均是从贸易影响投入要素价格变动出发的。但是，Ortegay 和 Rodriguezz（2001）、Decreuse 和 Maarek（2011）、Schneider（2011）等提出的租金分享和结构调整机制，并没有考虑到贸易对企业投入要素价格变动的影响，而正是这种变动使得要素偏向型技术进步在生产中被广泛运用，进而影响了劳动收入份额变动。因此，针对贸易影响中国劳动收入份额具体机制的研究，自然还需要重视，贸易通过偏向型技术进步渠道对劳动收入份额产生的影响。

第三章 中国对外贸易与劳动收入份额的变动

中国对外贸易自改革开放后，取得了迅猛发展；而劳动收入份额自 20 世纪 90 年代中期出现下降趋势。对这一变动事实，本章从四个方面加以概述：第一节介绍中国对外贸易概况；第二节总结劳动收入份额测算及主要修正方法；在第二节方法概述基础上，第三节从实际统计数据和修正方法两个角度，具体测算中国劳动收入份额，并对经调整与未调整的核算结果进行相关性检验；第四节就中国对外贸易与劳动收入份额变动进行比较分析。

第一节 中国对外贸易概况

改革开放以来，在出口创汇政策的指引下，中国对外贸易取得了迅猛发展。经历了 1978—1990 年缓慢起步阶段、20 世纪 90 年代的快速发展阶段及加入世界贸易组织之后的飞速发展阶段。贸易排名更是在 2013 年超越美国，跃居世界第一位。本节从宏观及东、中、西区域角度，阐述中国对外贸易的发展演变。同时，为便于与劳动收入份额的比较分析，测算时间选择从 1994 年开始。[①]

---

① 罗长远和张军（2009）、Bai 和 Qian（2010）等众多学者，均指出中国劳动收入份额下降从 20 世纪 90 年代中期开始。

一　中国对外贸易的发展演变

从宏观数据分析，自 1994 年以来，中国对外贸易额除 1998 年和 2009 年，分别因受亚洲和世界金融危机影响，有小幅下滑外，其余年份均同比上升，且对外贸易差额均为顺差。与之相对应，中国对外贸易依存度也处于较高水平。

（一）中国对外贸易额的变化

无论是绝对数值演变，还是年均增长率，中国对外贸易的发展都有目共睹。从绝对数值考虑，从 1994 年到 2012 年，中国对外贸易呈现三大特点：

首先，总体增长趋势明显。由表 3—1 可知，1994 年中国对外贸易总额达到 2366.2 亿美元，这也是中国对外贸易额首次突破 2000 亿美元。其中，出口贸易额首次突破千亿美元，达到 1210.06 亿美元，进口贸易额 1156.14 亿美元，贸易顺差 53.92 亿美元。到 2012 年中国对外贸易总额达到 38667.6 亿美元。其中，出口贸易额 20489.3 亿美元，进口贸易额 18178.3 亿美元，贸易顺差 2311 亿美元。仅从量上看，中国进出口总额比 1994 年增长 15.3 倍，出口额增长 15.9 倍，进口额增长 14.7 倍。相较于改革开放之初的 1978 年，进出口总额更是增长了 187.3 倍，出口额增长了 210.1 倍，进口额增长了 166.9 倍。除因亚洲和全球金融危机等外部因素影响，1998 年对外贸易额、进口额有小幅下降，2009 年对外贸易额、出口额、进口额均较大幅度降低外，进出口总额、出口额和进口额从 1994 年到 2012 年呈逐年增长趋势。

其次，2001 年 12 月中国加入 WTO 后，贸易取得了更加迅猛的发展。以 2001 年为界，从 1994 年到 2001 年，对外贸易总额只从 2366.2 亿美元增长到 5096.51 亿美元，增长 2730.31 亿美元，增幅和年均增长率分别为 115%、12%；从 2001 年到 2012 年，中国对外贸易总额从 5096.51 亿美元上升为 38667.6 亿美元，增长达到33571.09亿美元，增幅和年均增长率分别高达658.7%、21.13%。可见，加入WTO对中国对外贸易影响之深远。

表3—1　　　　　中国对外贸易的发展演化　　　　单位：亿美元

年份	对外贸易总额	出口贸易额	进口贸易额	对外贸易差额
1994	2366.2	1210.06	1156.14	53.92
1995	2808.64	1487.8	1320.84	166.96
1996	2898.81	1510.48	1388.33	122.15
1997	3251.62	1827.92	1423.7	404.22
1998	3239.46	1837.09	1402.37	434.72
1999	3606.3	1949.31	1656.99	292.32
2000	4742.97	2492.03	2250.94	241.09
2001	5096.51	2660.98	2435.53	225.45
2002	6207.66	3255.96	2951.7	304.26
2003	8509.88	4382.28	4127.6	254.68
2004	11545.55	5933.26	5612.29	320.97
2005	14219.06	7619.53	6599.53	1020
2006	17604.39	9689.78	7914.61	1775.17
2007	21765.72	12204.56	9561.16	2643.4
2008	25632.6	14306.93	11325.67	2981.26
2009	22075.35	12016.12	10059.23	1956.89
2010	29739.98	15777.54	13962.44	1815.10
2011	36418.65	18983.81	17434.84	1548.97
2012	38667.6	20489.3	18178.3	2311

资料来源：《中国统计数据应用支持系统 V2.01》。其中，对外贸易差额由笔者计算而成。

最后，对外贸易年年实现顺差。中国的对外贸易差额在1994年之前，只是偶见顺差现象，逆差则是常态，最大的逆差出现在1985年，逆差达149.02亿美元。但自1994年始，中国对外贸易年年实现顺差，最大的顺差出现在 2008 年，顺差达 2981.26 亿美元。当然，近年来，随着主要发达国家经济形势的恶化，中国对外贸易巨额顺差成为全球诟病的焦点，也是导致中国对外贸易摩擦频发的原因之一。

从增长率分析，自 1994 年到 2012 年，中国对外贸易增长率呈现两大特点：首先，年均增长率超过 GDP 的年均增长率。表3—2 对两者进行了比较，结果显示，中国对外贸易总额、出口贸易额和进口贸易额的年均增长率分别为 17.58%、17.85% 和17.40%，均高于中国 GDP 的年均增长速度 14.24%。

表3—2　　　　　　　中国进出口贸易与 GDP 年均增长率　　　　单位:%

年份	对外贸易总额	出口贸易额	进口贸易额	GDP
1995	18.70	22.95	14.25	26.13
1996	3.21	1.52	5.11	17.08
1997	12.17	21.02	2.55	10.95
1998	−0.37	0.50	−1.50	6.87
1999	11.32	6.11	18.16	6.25
2000	31.52	27.84	35.85	10.64
2001	7.45	6.78	8.20	10.52
2002	21.80	22.36	21.19	9.74
2003	37.09	34.59	39.84	12.87
2004	35.67	35.39	35.97	17.71
2005	23.16	28.42	17.59	15.67
2006	23.81	27.17	19.93	16.97
2007	23.64	25.95	20.80	22.88
2008	17.77	17.23	18.45	18.15
2009	−13.88	−16.01	−11.18	8.55
2010	34.72	31.30	38.80	17.78
2011	22.46	20.32	24.87	17.83
2012	6.18	7.93	4.26	9.69
平均	17.58	17.85	17.40	14.24

资料来源：笔者根据《中国统计数据应用支持系统 V2.01》数据整理计算而成。

其次，除了个别年份外，对外贸易增长率均为正，表明了对外贸易的扩大趋势。由表3—2可知，只有1998年和2009年出现对外贸易额的负增长现象。其中，1998年进口贸易额同比下降1.5%，而出口贸易额同比只增长0.5%，导致对外贸易总额同比下降0.37%，这也是自改革开放以来对外贸易增长率最小的一年。2009年对外贸易总额、出口额、进口额同比全面下降，下降额度分别为3557.25亿美元、2290.81亿美元和1266.44亿美元，降幅分别为13.88%、16.01%和11.18%。对外贸易总额的下降额度相当于1998年全年对外贸易总额，这也是自改革开放以来，中国对外贸易遭遇的最大"寒冬"。

（二）中国对外贸易依存度的变化

对外贸易依存度又被称为对外贸易系数，指一国进出口总额占该国国内生产总值的比重。其中，进、出口总额占GDP的比重分别被称为进、出口依存度。通常来说，对外贸易依存度是衡量一国对外开放程度的重要指标，可以较好地反映一国对国际市场的依赖程度。表3—3核算了1994—2012年中国的对外贸易依存度，鉴于劳动收入份额核算中使用的GDP，是经各省份加总的GDP数值。因此，为保证统计分析的一致性，核算对外贸易依存度指标使用的宏观GDP，也是经各省份加总的GDP数值。

表3—3　　　　　　　　中国对外贸易依存度的演变　　　　　　　单位:%

年份	对外贸易依存度	出口依存度	进口依存度
1994	45.74	23.39	22.35
1995	41.50	21.98	19.52
1996	35.50	18.50	17.00
1997	35.24	19.81	15.43
1998	32.42	18.39	14.04
1999	33.78	18.26	15.52
2000	39.78	20.90	18.88

续表

年份	对外贸易依存度	出口依存度	进口依存度
2001	38.78	20.25	18.53
2002	42.53	22.31	20.22
2003	50.48	25.99	24.48
2004	56.91	29.24	27.66
2005	58.46	31.33	27.14
2006	60.27	33.18	27.10
2007	59.16	33.18	25.99
2008	53.41	29.81	23.60
2009	41.28	22.47	18.81
2010	46.07	24.44	21.63
2011	45.11	23.51	21.60
2012	42.34	22.44	19.90

资料来源：笔者根据《中国统计数据应用支持系统 V2.01》数据整理计算而成。

由表3—3可知，从1994年到2012年，中国对外贸易依存度、出口依存度、进口依存度均反复波动，有小幅下降。其中，对外贸易依存度从45.74%变为42.34%，下降了3.4个百分点；出口依存度从23.39%变为22.44%，下降了0.95个百分点；进口依存度从22.35%变为19.90%，下降了2.45个百分点。同时，从1994年到2012年，出口依存度、进口依存度和对外贸易依存度的最低值分别为18.26%、14.04%和32.42%；最高值分别是33.18%、27.66%和60.27%。总体而言，中国对外贸易依存度处于较高的水平，从1994年到2012年其均值超过了45%。且若相较于1978年的9.74%，2012年对外贸易依存度上涨32.6个百分点，说明中国融入国际市场的速度较快、程度较高。

二　中国各区域对外贸易发展比较

中国是一个地理面积辽阔，但各区域经济发展水平差异较大的国家。因此，本部分以经济发展水平划分的东、中、西三大区域为基础，并对各区域对外贸易的发展分别进行核算。其中，东部地区包括北京市、天津市、河北省、浙江省、福建省、辽宁省、上海市、江苏省、山东省、广东省和海南省；中部地区包括山西省、江西省、河南省、吉林省、黑龙江省、安徽省、湖北省和湖南省；西部地区包括四川省、重庆市、贵州省、陕西省、甘肃省、云南省、西藏自治区、青海省、宁夏回族自治区、新疆维吾尔自治区、广西壮族自治区、内蒙古自治区。同时，与宏观数据分析相对应，分别从对外贸易额和对外贸易依存度两个方面，比较东、中、西三大区域对外贸易的发展演变。

（一）各区域对外贸易额比较

虽然总体上，中国对外贸易在绝对量和相对量上都取得迅猛发展，但对外贸易发展的地区分布是极不平衡的。东部沿海城市是中国改革开放的窗口，因此，东部各省份对外贸易发展水平要远远高于中西部地区。为保证横向比较的准确性，区域内各省份对外贸易数据，按境内目的地和货源地分的进出口总额数据为准，经各省份数值加总构成各区域对外贸易额。

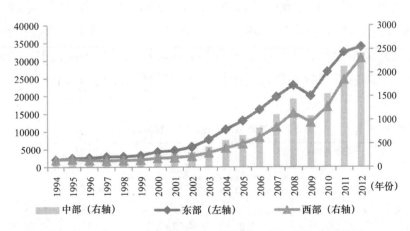

图3—1　东、中、西各区域对外贸易额的变化（单位：亿美元）

由图3—1可以看出，虽然各区域对外贸易呈现出全面上涨趋势，但各区域对外贸易发展不可同日而语。东部地区在中国对外贸易中属于一枝独秀，中、西部地区远远落后于东部地区。从1994年到2012年，东部地区进出口总额从2024.64亿美元增长到33955.5亿美元，增长15.77倍。其中，出口额从1036.05亿美元增长为18065.4亿美元，增长16.44倍；进口额从988.59亿美元增长为15889.9亿美元，增长15.07倍。中部地区进出口总额从193.94亿美元增长为2406.9亿美元，增长11.41倍。其中，出口额从111.12亿美元增长为1280.9亿美元，增长10.53倍；进口额从82.81亿美元增长为1125.9亿美元，增长12.60倍。西部地区进出口总额从147.62亿美元增长为2305.3亿美元，增长14.61倍。其中，出口额从62.89亿美元增长为1142.9亿美元，增长17.17倍；进口额从84.74亿美元增长为1162.5亿美元，增长12.72倍。

从各省份来看，中国对外贸易额最大的是广东省，其次是江苏省、上海市、浙江省和山东省等，都属于东部地区。2012年这些省份的对外贸易总额分别为11151.2亿美元、5887.9亿美元、4341亿美元、3482.4亿美元和2966.5亿美元，占全国总贸易额的28.84%、15.23%、11.23%、9.01%和7.67%。且每个省份的进出口总额都分别超过了中部或西部地区的进出口总额。其中，广东省和江苏省甚至分别超过了中西部两个区域对外贸易额的加总。

表3—4　　　　　　各区域对外贸易占全国对外贸易的比重　　　　　　单位:%

年份	区域进出口总额/进出口总额			区域出口额/出口总额			区域进口额/进口总额		
	东部	中部	西部	东部	中部	西部	东部	中部	西部
1994	85.57	8.20	6.24	85.62	9.18	5.20	85.51	7.16	7.33
1995	86.19	7.94	5.86	86.10	8.55	5.34	86.29	7.26	6.45
1996	88.11	6.94	4.96	87.38	7.99	4.62	88.90	5.79	5.32

续表

年份	区域进出口总额/进出口总额			区域出口额/出口总额			区域进口额/进口总额		
	东部	中部	西部	东部	中部	西部	东部	中部	西部
1997	89.45	6.40	4.15	88.23	7.53	4.24	91.02	4.95	4.03
1998	89.89	5.82	4.32	89.43	6.40	4.23	90.50	5.07	4.43
1999	90.33	5.52	4.15	90.35	5.64	4.01	90.30	5.38	4.32
2000	90.69	5.38	3.92	90.07	5.79	4.14	91.39	4.93	3.69
2001	90.89	5.27	3.87	90.66	5.61	3.75	91.14	4.89	4.00
2002	91.48	4.85	3.68	91.18	5.11	3.71	91.80	4.56	3.64
2003	91.44	5.03	3.52	91.30	5.05	3.65	91.58	5.02	3.39
2004	91.62	4.90	3.48	91.48	5.02	3.50	91.76	4.77	3.47
2005	91.81	4.72	3.46	91.78	4.76	3.46	91.84	4.68	3.47
2006	91.72	4.72	3.56	91.73	4.70	3.56	91.71	4.73	3.55
2007	90.88	5.09	3.90	90.96	5.03	3.79	90.78	5.16	4.03
2008	89.94	5.60	4.45	89.94	5.58	4.48	89.95	5.64	4.42
2009	90.80	4.91	4.29	91.58	4.51	3.91	89.87	5.39	4.75
2010	90.49	5.22	4.29	91.35	4.89	3.76	89.52	5.59	4.89
2011	89.05	5.85	5.09	89.88	5.61	4.51	88.15	6.12	5.73
2012	87.81	6.22	5.96	88.17	6.25	5.58	87.41	6.19	6.39

资料来源：笔者根据《中国统计数据应用支持系统 V2.01》数据整理计算而成。

表3—4 详细测算了各区域对外贸易额占全国的比重，更清晰地反映出东部地区在中国对外贸易中的主力军地位。从1994年到2012年，东部地区进出口总额、出口额和进口额，占全国比重均超过85%，均值分别高达90.02%、89.59%和90.11%。而中部地区进出口总额、出口额及进口额占全国比重均值分别为5.71%、5.96%和5.44%，略高于西部地区。西部地区的比重均值分别为4.38%、4.18%和4.59%。同时，从东、中、西各区域比较分析，自1994年到2012年，东部地区进出口总额、出口额和进口额年均是中部地区的16.19倍、15.79倍和16.88倍；

是西部地区的 21.28 倍、21.98 倍和 20.71 倍；中部地区进出口总额、出口额、进口额年均是西部地区的 1.31 倍、1.42 倍和 1.21 倍。

（二）各区域对外贸易依存度比较

东、中、西各区域对外贸易发展的不平衡，不仅表现在绝对量（对外贸易额）的巨大差异上，同样表现在相对量（对外贸易依存度）的巨大差异上。由表 3—5 可知，东部地区的对外贸易依存度明显远远大于中、西部地区。从 1994 年到 2012 年，东部地区的平均对外贸易依存度为 70.08%，特别是 2005—2007 年间对外贸易依存度高达 90% 以上；中、西部地区的平均对外贸易依存度仅为 10.53%、10.79%。东部地区对外贸易依存度分别是中、西部地区的 6.66 倍、6.50 倍。可见，对外贸易对中国三大区域经济发展作用差异之大，相对于东部地区，中、西部地区对外贸易仍有相对很大的发展空间。

表 3—5　　　　　东中西各区域外贸依存度比较　　　　　单位:%

年份	东部	中部	西部
1994	67.89	14.92	14.95
1995	61.94	12.92	12.99
1996	55.49	9.73	9.60
1997	55.72	8.94	8.04
1998	51.19	7.55	7.74
1999	53.05	7.59	7.83
2000	62.03	8.80	8.92
2001	60.26	8.48	8.61
2002	66.03	8.69	9.01
2003	77.63	10.88	10.36
2004	88.00	11.85	11.50
2005	90.17	11.82	11.84

续表

年份	东部	中部	西部
2006	92.93	12.26	12.38
2007	91.06	12.88	13.12
2008	82.50	12.66	13.11
2009	64.62	8.57	9.66
2010	72.73	9.99	10.61
2011	71.35	10.79	11.95
2012	66.89	10.69	12.77

资料来源：笔者根据《中国统计数据应用支持系统 V2.01》数据，以各区域进出口总额占各区域 GDP 的比重，分别整理计算各区域对外贸易依存度。

由以上分析可知，无论是宏观整体，还是东、中、西三大区域，从 1994 年到 2012 年，中国对外贸易都取得了飞速发展。除个别年份外，对外贸易额、出口额、进口额均不断提高，对外贸易始终保持顺差。三大区域中，相对于中、西部，东部地区对外贸易占全国的比重均值高达 90% 以上，中、西部仍有较大的发展空间。

第二节 劳动收入份额测算及修正

卡尔多事实指出，各种生产要素在国民收入中所占份额大体稳定不变。据此可以判断，劳动收入份额应当是稳定的。然而 20 世纪 80 年代之后，欧洲主要大陆国家纷纷出现劳动收入份额下降的现象，与卡尔多事实相违背，引发西方发达国家关于劳动收入份额测算及其修正的大量研究（Blanchard，1997；Krueger，1999；Gollin，2002；Bentolia & Saint - Paul，2003；Gomme & Rupert,2004，et al.）。同样，中国自 20 世纪 90 年代中期以来，收入分配出现越来越不利于劳动要素的现象，也引发了国内众多学者对中国劳动收入份额进行测算和修正的研究（李稻葵等，

2009；罗长远和张军，2009；白重恩和钱震杰，2009；黄先海和徐圣，2009；张车伟和张士斌，2010；方军雄，2011；吕冰洋和郭庆旺，2012）。因为，若想对一国劳动收入份额变动做出正确判断，必须对其进行正确界定及准确核算，这也是一切有关劳动收入份额研究的前提。

本节在对劳动收入份额进行界定的基础上，介绍了目前国内外对其进行修正的主要九种方法，这也是第三节对中国劳动收入份额进行测算和修正的基础。

一　劳动收入份额的界定及测算

劳动收入份额，指的是国民收入中劳动要素收入所占有的比重。根据联合国国民收入账户统计中有关劳动收入的界定，劳动收入即为雇员收入，包括工资、薪金、佣金、奖金、补贴等，还包括雇主为其缴纳的各项社会保障缴费、离职金及其他福利支出等。中国国家统计局界定的劳动收入与联合国类似，指劳动者因为生产活动获得的全部报酬，包括劳动者获得的各种形式的工资、奖金和津贴，还包括劳动者所享受的公费医疗和医药卫生费、上下班交通补贴、单位支付的社会保险费、住房公积金等。

但是，对于个体经营者的自我雇佣收入，联合国和中国国家统计局做出了不同的规定。其中，联合国统计较为简单和统一，直接将其归为混合收入，且不计为劳动报酬。中国国家统计局的规定则出现了统计变动。根据《中国国民经济核算体系2002》的规定，"个体劳动者通过生产经营获得的纯收入，全部视为劳动者报酬"。而这一规定在2004年之后有所更改。白重恩和钱震杰（2009）指出：2004年中国省际收入法GDP在核算个体经济业主收入即自我雇佣收入时，将其从劳动收入变为营业盈余。简言之，对于个体经济业主的收入，中国在2004年前将其并为劳动收入，在2004年后将其并为营业盈余，并不像联合国统计中将其单独列出。由此可见，劳动收入份额的经济学界定虽较为清晰，但统计过程和结果却较为复杂，且两者之间可能有所出入。

在中国的国民收入核算体系中，国民收入按要素分为劳动者报酬、固定资产折旧、生产税净额和营业盈余四个部分。而省际收入法 GDP 中包含了这四方面内容，因此，在具体核算劳动收入份额时，常用的方法是用国内生产总值（GDP）替代国民收入，以劳动报酬占 GDP 的比例计算劳动收入份额，即：

$$劳动收入份额（LS）= \frac{劳动报酬}{GDP} \qquad (3—1)$$

式（3—1）中 GDP 包含了生产税净额，而生产税净额在初次分配中归政府所有。因此，部分经济学家在核算劳动收入份额时将其去除，以 GDP 减去生产税净额作为分母（Cooley & Prescott，1995；Gollin，2002；Bentolia & Saint – Paul，2003），采用要素成本增值法，剔除了政府部门在国民收入中所占的份额，保证了劳动收入份额与资本收入份额之和为 1 的结果，即：

$$劳动收入份额（LS）= \frac{劳动报酬}{GDP - 生产税净额} \qquad (3—2)$$

本章只是考察中国劳动收入份额的变动，同时考虑到，正是由于政府在初次分配中获得生产税净额，才能有效保障其在再分配环节，更好地发挥调节要素收入分配的功能。因此，第三节对中国劳动收入份额的测算，建立在式（3—1）的基础上。

二　对劳动收入份额测算方法的修正

虽说劳动收入份额的经济学界定较为清晰，但由于具体的统计工作，很多都是从统计方便的角度，而不是从经济学意义出发的。或者从经济学角度进行统计，本身很难抑或不可实现，导致了直接根据公式测算得到的劳动收入份额数据存在一系列问题，需要对公式本身进行修正，比如个体经营业主亦自我雇佣劳动者的收入分配问题。

如前所述，个体经营者的收入在联合国统计中归为混合收入，混合收入不计为劳动报酬。而实际上混合收入同时包含劳动和资本成分，忽视这部分劳动收入，显然会错估劳动收入份额，尤其是对于个体经济占有较大比重的经济体，或随着经济的发展，个体经济所占比例发生重大变化的经济体。因此，由于混合收入及其在各国经济中所占比重的差异，简单地根据劳动收入份额计算式（3—1）或式（3—2）得到的核算结果进行国际比较，可能会得出错误的结论。

　　而根据中国统计数据核算得到的劳动收入份额，也存在两方面问题：其一是准确性有待提高，其二是不同时间段统计标准存在差异。其中，2004 年之前，中国将个体经济收入归为劳动者报酬，忽视其中的资本份额，因此，此阶段核算得出的劳动收入份额，存在高估可能性。而 2004 年之后，个体经济收入又从劳动报酬中去除，归为营业盈余，忽视其中的劳动要素成分，不仅低估了此阶段的劳动收入份额，而且人为造成了不同时间段劳动收入份额比较的统计差异。

　　因此，为了得到更精确的分析结论，很多学者从不同的角度，提出了多种方式来调整混合收入，以修正劳动收入份额，使其更加准确、更加接近事实。到目前为止，主要存在以下的修正调整：

（一）Young（1995）对混合收入的调整方法

　　Young（1995）在对中国香港、新加坡、韩国和中国台湾等东亚国家和地区的劳动收入份额分析中，提出了对于雇主、家务劳动者及自我雇佣者的劳动，在核算劳动收入份额时，应予以考虑的观点。对于这部分收入，Young（1995）提出了一种处理方法：首先，根据行业、性别、年龄阶段和受教育水平的差异，对不同的雇员劳动收入进行分类；其次，把雇主、家务劳动者和自我雇佣者，依据以上四个标准进行分组；再次，将混合收入者与雇员层次一一对应，统计雇主、家务劳动者和自我雇佣者应得到的劳动报酬；最后，将雇员与其他劳动者的劳动报酬加总，得到最终的劳动者收入，计算劳动收入份额。Young（1995）根据这种方案，对中国香港、新加坡、韩国和中国台湾等国家和地区的劳动收入份额调整进行了实际操作，认为这是可行的方案。

在目前有关混合收入的调整方法中，Young（1995）的核算方法是最为精确、标准并值得信服的，也获得了很多学者的推崇。但是，这种方法对于每个国家的统计工作做出了严格的要求，数据要求较为全面。而其中的众多数据在很多国家具有不可获得性，如中国。因此，这种方法虽然最为精确，但对于绝大多数国家，却如同海市蜃楼，可望而不可即。

（二）Krueger（1999）对混合收入的调整方法

Krueger（1999）指出劳动收入份额在概念和测算方面存在着一系列的问题，有众多概念及统计方面的混淆点。如谁是劳动者？人力资本的回报是劳动报酬还是资本报酬？为何受聘在医院的医生收入是劳动报酬，可作为个体或合作业主的该医生收入却是混合收入？等等。对于个体经营业主获得的混合收入，Krueger（1999）认为其既包含劳动成分，又含有资本因素，如若忽视，则容易产生错误的结论。如 Krueger（1999）指出，Irving Kravis（1959）、Joseph Philips（1960）等的研究认为美国在 20 世纪前50 年劳动收入份额的增加，主要源于个体经营业主数量减少，公司制业态形式增加的观点是值得商榷的。因此，Krueger（1999）提出将混合收入的 2/3 归为劳动收入，其余 1/3 归为资本收入，重新界定劳动收入份额（LS），以避免出现类似的错误结论。根据 Krueger（1999）的观点，劳动收入份额的计算公式应调整为式（3—3）：

$$LS = \frac{劳动报酬 + 2/3\,混合收入}{GDP} \tag{3—3}$$

Krueger（1999）的调整方案考虑到了混合收入的特点，兼顾其中所包含的劳动和资本成分，且简单、易行、便于计算。只是一概将所有混合收入的 2/3 作为劳动报酬，1/3 作为资本报酬，忽视了个体经营业主与公司雇员收入的差异及不同个体经营业者之间的能力差异。

（三）Gollin（2002）对混合收入的调整方法

Gollin（2002）在对 94 个国家 1992 年的劳动收入份额进行的国别比较中，发现劳动收入份额在不同国家之间的差异较大。由加纳到乌克兰，劳动收入份额从 0.051 到 0.77 不等，不同国家之间的这种巨大差异显然严重违背了卡尔多事实。在对这一现象进行解析的过程中，Gollin（2002）发现，往往经济越不发达的国家，个体营业者的数目越多，而个体经营业主的收入属于混合收入，不计为劳动报酬。因此，Gollin（2002）认为，发达国家与不发达国家个体经营业主数量及在经济中所占比重的巨大差异，可能是导致劳动收入份额国别差异的重要原因。鉴于此，Gollin（2002）提出了对混合收入的三种较为可行的调整方案。

1. 将混合收入全部计为劳动报酬

Gollin（2002）认为，最简单的一种处理方式，就是将所有混合收入归并为劳动收入，与雇员的劳动报酬合并成为总劳动收入。这种对混合收入的处理方案恰巧与中国 2004 年之前的统计方式相一致。因此，根据 Gollin（2002）的第一种修正意见，劳动收入份额（LS）的计算公式应调整为式（3—4）：

$$LS = \frac{劳动报酬 + 混合收入}{GDP - 间接税} \tag{3—4}$$

如上所述，这种调整简单、易行，便于计算。只是此种调整走向另一种极端，完全忽视个体经营业主收入中含有的资本成分，否认混合收入是由资本和劳动的有效结合才能创造的基本事实。因此，Gollin（2002）的第一种调整方法，存在高估劳动收入份额的可能性。

2. 将混合收入从国民收入中扣除

Gollin（2002）的第二种调整方式，承认了混合收入中既包含劳动报酬，也应当进行资本补偿的性质，这与 Krueger（1999）的观点相同。与其不同的是，Gollin（2002）并未对混合收入中的资本与劳动份额之比进行简单的比例划分，而是假设混合收入中劳动要素和资本要素收入之比，恰巧与其他经济体相同。据此，劳动收入份额（*LS*）的计算公式调整为式（3—5）：

$$LS = \frac{\text{劳动报酬}}{\text{GDP} - \text{间接税} - \text{混合收入}} \tag{3—5}$$

相对于第一种调整，第二种调整方法同样简单、易行，并且摒弃了第一种方案完全忽视混合收入中资本因素的缺陷，考虑到其同时具备劳动和资本要素的禀性。但该种调整方案忽视了不同业态形式、不同规模企业之间，劳动和资本收入份额之比的差异。如 Gollin（2002）提出，若个体经营相对于其他业态形式而言，更加表现为劳动密集型特点，那么，这种调整就会低估劳动收入份额。反之，若个体经营形式更加表现为资本密集型，则该调整就会高估劳动收入份额。

3. 依据劳动力人数调整雇员报酬

Gollin（2002）对劳动收入份额的第三种调整方式另辟蹊径，避开混合收入不谈，通过其他信息来调整劳动收入份额。Gollin（2002）利用雇员人数与劳动力人数的差异，以劳动力除以雇员数量的倍数，等倍扩张雇员报酬，从而核算劳动收入份额（*LS*），其计算公式调整为式（3—6）：

$$LS = \frac{\frac{\text{劳动力人数}}{\text{雇员数量}} \times \text{雇员报酬}}{\text{GDP} - \text{间接税}} \tag{3—6}$$

对大多数国家而言，由于分别统计了雇员报酬与混合收入，因此，该种方法也很简单、易行。同时，这种调整还有利于说明不同国家个体雇佣劳动的规模大小。但统计方法与中国类似的国家，只有劳动报酬数据，并未单独列出雇员报酬与混合收入，虽有劳动力人数的统计数据，但雇员人数不得而知。因此，对于此类国家，这种调整虽一目了然，却无法实施、流于形式。同时，此种调整方案也在一定程度上忽视了雇员与个体经营者之间的能力差异。

4. Gomme 和 Rupert（2004）对混合收入的调整方法

Gomme 和 Rupert（2004）把收入按性质分为三类：第一类为确定的劳动收入，即为雇员报酬，记为 I_1；第二类为确定的资本收入，如公司利润等，记为 I_2；第三类为所有的混合收入，如个体经营者收入、间接税等，记为 I_3。设国民收入中包含的劳动收入份额为 α，则，劳动收入 I_L 为：$I_L = I_1 + \alpha I_3$，同时，劳动收入又等于：$I_L = \alpha I = \alpha(I_1 + I_2 + I_3)$，联立两式，可得劳动收入份额 α 的调整式（3—7）为：

$$\alpha = \frac{I_1}{I_1 + I_2} \tag{3—7}$$

Gomme 和 Rupert（2004）对混合收入的调整方法，思路和 Gollin（2002）的第二种调整方法是一致的，只是换了一种思维方式，不再对混合收入进行整体计算，而是直接根据雇员和资本报酬，得到劳动收入份额，因此，相对 Gollin（2002）的第二种调整方法，Gomme 和 Rupert（2004）在工作量上要减少很多。同时，不同于 Gollin（2002）去除间接税的做法，Gomme 和 Rupert（2004）混合收入中包含间接税，其核算的劳动收入份额是包含所有部门的最终结果。但是，对于如同中国这样将混合收入融入劳动报酬或资本报酬之中，没有单独列出雇员报酬和混合收入的国家，这种调整也是纸上谈兵。

5. 白重恩和钱震杰（2009）对混合收入的调整方法

白重恩和钱震杰（2009）针对中国劳动收入份额下降的事实进行了一系列研究，发现跨年间劳动收入份额下降幅度最大的是2004 年。从 2003 年的 53.6% 下降到 48.4%，陡降 5.2 个百分点。针对这一现象，白重恩和钱震杰（2009）提出统计背后的原因，指出 2004 年中国统计口径的改变，是造成当年劳动收入份额下降的重要原因。在研究中，他们明确指出 2004 年中国统计口径的改变：首先，个体经营业主收入从劳动报酬变为营业盈余。即在 2004 年之前，个体经营业主的收入归并在劳动报酬中，而在 2004 年之后，个体经营业主的收入从劳动报酬转为营业盈余。其次，对农业不再计营业盈余。国家统计局提出，由于国有和集体农场的财务资料难以收集，故将其营业盈余与劳动报酬合并，统一作为劳动报酬。

针对这一中国特有的现象，白重恩和钱震杰（2009）为保障分析数据统计口径的一致性，对 2004 年中国劳动收入份额进行了两个方面的调整。首先，根据《中国经济普查年鉴》及《中国统计年鉴》（2006）中相关个体从业人员的数据信息，计算出 2004 年个体经营业主的收入，并将其从当年营业盈余中扣除，加回到劳动报酬中。其次，在假设 2004 年农业盈余占 GDP 的比例与 2003 年相同的基础上，计算得出 2004 年全国各省农业国有和集体农场的营业盈余，将其从劳动报酬中剔除，加回到营业盈余中。经过这种处理，白重恩和钱震杰（2009）测算得出这两项统计口径的改变致使 2004 年中国劳动收入份额骤降了 6.29 个百分点，并指出，实际上 2004 年中国劳动收入份额相对于 2003 年，不仅没有下降，反而上升了 1.05 个百分点。

综上所述，白重恩和钱震杰（2009）提出中国劳动收入份额（LS）的核算公式应分为两段，2004 年前不做调整，2004 年之后的数据则需调整统计口径，以保证与 2004 年之前的数据具有可比性，具体表现在：

$$LS = \frac{\text{劳动报酬}}{\text{GDP}} \text{（2004 年之前）}$$

$$LS = \frac{\text{劳动报酬} + \text{个体营业者的营业盈余} - \text{国有和集体农场的营业盈余}}{\text{GDP}}$$

（2004 年之后）

白重恩和钱震杰（2009）之所以能够测算出 2004 年统计口径改变对劳动收入份额的影响系数，是因为 2004 年的经济普查提供了相关个体经营业主的详细信息，但这种信息在 2005 年之后具有不可获得性。因此，Bai 和 Qian（2010）提出由于缺乏中国 2005 年及之后的个体从业人员，以及国有和集体农场营业盈余的信息，2005 年之后的调整，可以根据 2004 年测算得到的统计口径改变对劳动收入份额造成的下降 6.29 个百分点的事实，将这 6.29 个百分点加到以后各年的劳动收入份额中，以保证各年度之间数据分析的准确性和持续性。

白重恩和钱震杰（2009）针对中国具体情况做出的调整，保证了研究数据统计口径的一致性，对混合收入的处理与 Gollin（2002）的第一种方式相一致。只是，由于数据的可获得性，他们的调整在具体操作上只针对 2004 年。而 2005 年之后劳动收入份额的调整，Bai 和 Qian（2010）提出的方案过于绝对化。同时，Bai 和 Qian（2010）也指出，与其他国家相比较而言，中国农业的劳动收入份额偏高，这与农村人口的经营性收入全部作为劳动报酬相关，但 Bai 和 Qian（2010）并未对此提出任何调整方案。

6. 张车伟和张士斌（2012）对混合收入的调整

张车伟和张士斌（2012）在分析劳动者报酬内涵及进行国际比较的基础上，提出中国劳动者报酬有两个方面需要调整。其一是农民的经营性收入，其二是城镇个体户经营性收入。他们认为，国家统计局将农民的经营性收入全部归为劳动者报酬，显然严重高估了农业部门的劳动收入份额。而个体经营性收入在 2004 年由劳动者报酬转为营业盈余，由此造成了对劳动收入份额的估计由高估转为低估，因此，有必要对这两部分收入进行调整。

张车伟和张士斌（2012）认为将城乡个体经营性收入的 2/3 计为劳动报酬，其余 1/3 计为资本收益是国际通行的较为合理的方法。在此原理指导下，通过剔除城乡个体劳动者混合收入中的资本性收入得到劳动者报酬。同时，为兼顾中国 2004 年统计口径的改变，也将劳动收入份额的核算公式调整为两段，具体表现在：

$$LS = \frac{\text{劳动报酬} - \text{农户资本性收入} - \text{城镇个体经营者资本性收入}}{\text{GDP}}$$

（2004 年前）

$$LS = \frac{劳动报酬 - 农户资本性收入 + 城镇个体经营者劳动报酬}{GDP}$$

（2004 年后）

张车伟和张士斌（2012）对劳动收入份额的调整，相较于白重恩和钱震杰（2009）只统一了统计口径的做法似乎更进一步。不仅统一了统计口径，且考虑到个体经营性收入所兼具的劳动、资本双重属性的特征，同时关注了 Bai 和 Qian（2010）提出的，中国农业部门劳动收入份额过高的现实，对农户经营性收入也进行了相应调整，是目前比较全面、完整的一种调整方案。

7. 吕冰洋和郭庆旺（2012）对混合收入的调整

吕冰洋和郭庆旺（2012）对中国各个省份劳动收入份额进行测算时，根据白重恩和钱震杰（2009）的调整方式，将 2004 年之后的劳动报酬扣除了各省国有农场的营业盈余。但与后者不同的是，吕冰洋和郭庆旺（2012）还对所有数据中涉及的个体经营业主的收入进行调整，并将其划分为劳动者报酬和营业盈余两个部分。在划分的过程中，不同于张车伟和张士斌（2012）按固定比例（2/3 为劳动报酬，1/3 为资本收入）分配的做法，吕冰洋和郭庆旺（2012）选择用工具变量进行拟合调整，对于个体经营业主的劳动者报酬，均以各省平均货币工资为替代工具。

在将各省个体经营业主收入划分为劳动报酬和营业盈余的基础上，结合对各省国有农场营业盈余的处理，将各省劳动收入份额（LS）的核算公式调整为：

$$LS = \frac{各省劳动报酬 - 各省个体业主的营业盈余}{GDP} \quad （2004 年前）$$

$$LS = \frac{各省劳动报酬 + 各省个体业主劳动报酬 - 各省国有农场营业盈余}{GDP}$$

（2004 年后）

吕冰洋和郭庆旺（2012）对中国劳动收入份额进行的调整，既确保了统计口径的一致性，又对个体经营业主的混合收入进行了尝试性的分配，体现了学者应有的探索精神，只是其合理性有待进一步确认。与张车伟和张士斌（2012）对所有混合性收入（个体经营业主收入及农户经营性收入）都进行调整的思路不同，吕冰洋和郭庆旺（2012）忽视了农户经营性收入也同样具备资本和劳动的双重属性。

综上所述，无论是否考虑到政府部门，劳动收入份额都有明确的计算公式。但由于统计工作的复杂性，统计数据得出的劳动收入份额，可能与其经济学意义有所出入。由此，国内外产生了对其进行修正的主要方法，每种方法都有一定的适用性，但也都存在一定的缺陷。根据中国统计数据的可获得性，第三节将选择其中四种可行方案，对中国劳动收入份额的核算进行调整。

第三节　中国劳动收入份额的变动

从 20 世纪 90 年代中期开始，中国劳动收入份额出现了下降趋势，这一现象引起了各方关注，很多学者都对此进行了测算。无论哪种核算方式，计算结果均证明了中国劳动收入份额下降的事实，只是下降幅度有所差异。如姜磊和张媛（2008）利用省际收入法 GDP 数据，发现从 1996 年到 2006 年中国劳动收入份额由 54.04% 下降到 40.5%，降幅达 13.54 个百分点；李清华（2012）指出从 1995 年到 2007 年中国劳动收入份额由 51.44% 下降到 39.74%，降幅为 11.7 个百分点；罗长远和张军（2009）计算发现从 1995 年到 2004 年中国劳动收入份额由 51.4% 降到 41.6%，降幅达 9.8 个百分点。又如，张车伟和张士斌（2012）提出经过调整，从 1978 年到 2007 年中国劳动收入份额由 40.1% 降到 39.2%，降幅只有 0.9 个百分点，变动并不明显；白重恩和钱震杰（2009）、Bai 和 Qian（2010）调整后，计算发现从 1995 年到 2007 年中国劳动收入份额由 59.10% 降到 46.65%，降幅达 12.45 个百分点。

不同学者测算得到的中国劳动收入份额，下降了 0.9 个百分点到 13.54 个百分点不等，这是由时间段的选择、数据的来源和处理、调整方案的选择等众多因素共同导致的。为对中国劳动收入份额变动事实做出较为准确的判断，本节选择从两种角度测算并进行比较分析。首先，根据官方公布的省际收入法 GDP 数据进行测算；其次，根据已有的调整方案对原始数据进行调整，进一步测算调整后的结果；最后，也是最关键的，本节对不同结果进行了相关性检验，以显示不同来源、不同调整方法得到的结果，对后续研究是否会产生根本性影响。

一　根据官方公布数据核算的劳动收入份额变动

中国并未公布国民收入的要素分配情况，但省际收入法核算得到的国内生产总值，共包含劳动者报酬、生产税净额、固定资产折旧和营业盈余四个部分。其中，劳动者报酬归劳动要素所有，固定资产折旧和营业盈余归资本要素所有，而生产税净额归政府所有。考虑到政府在国民收入分配中的重要地位，本节以 GDP 为核算的分母，用劳动者报酬除以 GDP 来代理劳动收入份额。

目前，除了省际收入法 GDP 外，其他获得相关数据的途径主要是投入产出表的使用表及国民经济核算资金流量表的实物部分。由于投入产出表具有不连贯性，而对于资金流量表中的数据，白重恩和钱震杰（2009）指出，非经济普查年份的劳动报酬数据常常根据劳动报酬增长率和居民可支配收入增长率相同来推算，这样就导致了根据资金流量表数据计算的劳动收入份额存在高估现象。而白重恩和钱震杰（2009）的判断，也得到其他众多学者的认同。因此，相对于投入产出表和资金流量表，省际收入法核算的数据具有连续性、广泛性、便于分析的特点。同时，钱震杰（2008）对这三种来源的数据也进行了详细的分析，提出省际收入法是我国国民收入分配较好的代理变量，能正确反映出各要素收入份额的变化趋势。

因此，本节选择省际收入法 GDP 中的数值，分别从全国整体、东、中、西三大区域，全国 30 个省份（重庆除外）三个视角，核算从 1994 年到 2011 年中国劳动收入份额及进行变动比较。

（一）中国劳动收入份额的变化

省际收入法 GDP 提供了各个省份的劳动者报酬数据，但并未直接给出全国的劳动者报酬情况。因此，全国劳动者报酬数据是经各省份提供的劳动者报酬相加获得，因经各省份加总的 GDP 数值与宏观层面上公布的全国 GDP 数值有一定出入，为保持和劳动者报酬具备相同的来源口径，本部分中全国 GDP 数值由各省份 GDP 数值加总而成。其中，各省份劳动者报酬、生产税净额、GDP 数据均来源于《中国统计数据应用支持系统 V2.01》。

表 3—6 　　　　　1994—2011 中国要素收入分配测算结果 　　　单位：亿元,%

年份	劳动者报酬	生产税净额	GDP	劳动收入份额	资本收入份额
1994	22575.40	6163.43	44589.15	50.63	35.55
1995	29266.68	7361.77	56519.01	51.78	35.19
1996	35139.41	8626.53	67891.78	51.76	35.54
1997	39491.84	10157.67	76490.20	51.63	35.09
1998	42635.49	11170.9	82721.51	51.54	34.95
1999	44844.22	12160.82	88388.05	50.74	35.51
2000	48919.78	14112.46	98692.60	49.57	36.13
2001	53437.50	15388.59	108775.71	49.13	36.72
2002	58971.03	16961.28	120819.30	48.81	37.15
2003	65901.00	19706.12	139537.19	47.23	38.65
2004	72181.89	24028.71	167922.56	42.99	42.71
2005	86876.93	27989.55	199228.10	43.61	42.34
2006	100768.92	33098.44	232836.74	43.28	42.51

年份	劳动者报酬	生产税净额	GDP	劳动收入份额	资本收入份额
2007	120372.84	41304.64	279737.86	43.03	42.20
2008	155766.24	49216.75	333313.96	46.73	38.50
2009	170304.21	55530.62	365303.69	46.62	38.18
2010	196690.73	66584.19	437041.99	45.00	39.76
2011	234346.90	81330.14	521441.11	44.94	39.46

注：劳动者报酬、生产税净额、GDP 数值均由笔者根据《中国统计数据应用支持系统 V2.01》提供的各省份相应数据加总计算而成。劳动收入份额 =（劳动者报酬/GDP）×100%，资本收入份额 =［（GDP − 劳动者报酬 − 生产税净额）/GDP］×100%。

表 3—6 表明了中国劳动收入份额变动的两大事实：下降及 2004 年的陡降。首先，从 1994 年到 2011 年，虽然劳动者报酬从 22575.40 亿元增加到 234346.90 亿元，上升约 10.38 倍；但与之相对应的，却是劳动收入份额从 50.63% 下降到 44.94%，降幅达 5.69 个百分点。与劳动收入份额下降相对应，资本收入份额从 35.55% 上升到 39.46%，升幅达 3.91 个百分点。同时，由于生产税净额归政府部门所有，因此，政府部门获得的收入在初次分配中所占份额从 13.82% 上升到 15.60%，升幅达 1.78 个百分点，这也在一定程度上增强了政府的再分配功能。经计算发现，这期间中国劳动收入份额下降幅度，虽然远低于姜磊和张媛（2008）、罗长远和张军（2009）等的核算结果，但诚如李稻葵（2007）所述，中国劳动收入份额下降是一个不争的事实。同时，这一结论与 Karabarbounis 和 Neiman（2012）的研究结果相仿。Karabarbounis 和 Neiman（2012）利用全世界 59 个国家（包括发达国家和发展中国家）1975—2007 年的数据研究发现，各国劳动收入份额的下降幅度平均约为 5%。

另外，表 3—6 还证实了 2004 年中国劳动收入份额出现陡降的事实。经统计发现，劳动收入份额同比降幅最大的年份为 2004 年。从 2003 年到 2004 年，劳动收入份额从 47.23% 下降到

42.99%，降幅达到4.24个百分点。对这一现象，白重恩和钱震杰（2009）、罗长远和张军（2009）等都认为，与2004年中国劳动者报酬统计口径的改变相关。

为了比较方便起见，本部分还运用了要素成本增值法核算中国的要素收入分配情况。结果如图3—2所示，自1994年到2011年，劳动收入份额从58.75%下降到53.25%，降幅达到5.5个百分点，对应的资本收入份额从41.25%上升到46.75%。劳动收入份额同比降幅最大的也是2004年，从2003年的54.99%下降到50.16%，降幅为4.83个百分点。

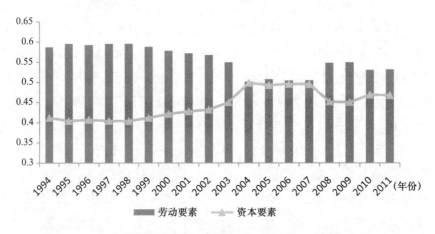

图3—2　要素成本增值法核算的中国要素收入分配变动

由此可见，无论是否采用要素成本增值法，或者，无论是否包含政府部门，在计算期内，中国劳动收入份额下降的结果，都没有改变。甚至降幅都只是出现0.19个百分点的微弱变化。因此，中国劳动收入份额的变动与核算公式的选择，之间没有必然的联系。

（二）各区域劳动收入份额的变化

在此，各区域的划分与对外贸易中的区域划分相一致，同时，为了保持和全国劳动收入份额核算方法的一致性，在对各区域劳动者报酬、生产税净额、GDP 核算时，均由所属区域内各省、市、自治区劳动者报酬、生产税净额、GDP 加总获得，数据均来源于《中国统计数据应用支持系统 V2.01》。

1. 东部地区劳动收入份额的变化

东部地区是中国经济发展相对发达的地区，由第一节中有关各区域对外贸易发展概述，可知其对外贸易的发达程度，及其对外贸易依存度要远远高于中、西部地区。那么，东部地区的劳动收入份额呈现怎样的变化呢？由表3—7可知，自1994年到2011年，东部地区劳动者报酬从12018.17亿元上升到128301.05亿元，增长10.68倍，高于全国平均水平，同样也是三大区域中升幅最大的。但是与之相对应，东部地区劳动收入份额却从46.75%降到43.70%，降幅为3.05个百分点，虽然小于全国平均降幅，但是东部地区劳动收入份额的下降也是一个不争的事实。降幅最大的仍是2004年，从2003年的44.99%降到2004年的41.01%，降幅为3.98个百分点。同时，从1994年到2011年东部地区的资本收入份额由39.12%上升到40.44%，升幅仅为1.32个百分点，低于全国平均水平；政府部门的收入所占份额从14.12%上升到15.86%，上浮1.74个百分点。

表3—7　　　　1994—2011年东部地区要素收入分配测算结果　　单位：亿元,%

年份	劳动者报酬	生产税净额	GDP	劳动收入份额	资本收入份额
1994	12018.17	3630.01	25704.89	46.75	39.12
1995	15522.53	4245.39	32639.33	47.56	39.43
1996	18069.74	4910.25	38264.78	47.22	39.94
1997	20509.27	5730.09	43276.86	47.39	39.37
1998	22693.85	6366.06	47097.45	48.18	38.29
1999	24230.93	6907.08	50831.50	47.67	38.74
2000	26783.46	8405.99	57412.53	46.65	38.71
2001	29322.37	9280.05	63628.50	46.08	39.33

续表

年份	劳动者报酬	生产税净额	GDP	劳动收入份额	资本收入份额
2002	32809.32	10142.31	71182.01	46.09	39.66
2003	37334.02	11857.99	82971.61	44.99	40.71
2004	40799.26	14614.64	99488.41	41.01	44.30
2005	50206.37	16936.39	118596.24	42.33	43.39
2006	58898.47	20290.43	138522.87	42.52	42.83
2007	70138.75	25282.39	165194.03	42.46	42.24
2008	88325.52	29342.06	194085.16	45.51	39.37
2009	96459.52	32142.67	211886.90	45.52	39.31
2010	109760.37	38359.33	250487.94	43.82	40.87
2011	128301.05	46564.07	293581.45	43.70	40.44

资料来源：笔者根据《中国统计数据应用支持系统 V2.01》中数据整理计算而成。其中，劳动收入份额、资本收入份额计算公式如表3—6所示。

2. 中部地区劳动收入份额的变化

与东部地区相比，中部地区不具备优越的地理优势，经济发展水平较低，GDP 占全国比重在 24% 左右，比东部地区低将近 32 个百分点。虽然相较于西部地区，比重高出 4 个百分点，但中部地区又缺乏西部地区优越的资源及政策优势。中部与东、西部的差异同样体现在劳动收入份额的变化上。

由表 3—8 可知，从 1994 年到 2011 年，中部地区劳动者报酬从 6238.72 亿元上升到 58666.93 亿元，增长 9.40 倍，低于全国平均涨幅水平。但是，中部地区的劳动收入份额却从 55.67% 下降到 45.97%，降幅高达 9.70 个百分点，高出全国平均水平 4.01 个百分点，而且是三大区域中唯一高于全国平均水平的区域，这可能与中部地区绝大多数省份为农业大省有关。Bai 和 Qian（2010）、张车伟和张士斌（2012）在测算中国三大产业劳动收入份额时，发现农业部门的劳动收入份额平均高达 85% 以上，远高于第二、第三产业。因此，结构调整导致的劳动收入份额变动，影响最大的可能就是中部农业大省。与劳动收入份额大幅下降相对应，中部地区资本收入份额从 30.98% 上升到 39.27%，上浮 8.29 个百分点，高于全国平均水平。政府部门收入所占份额由 13.34% 上升到 14.76%，升幅为 1.42 个百分点，是中部地区在初次分配中，变动幅度唯一低于全国平均的部分。

表3—8　　　　1994—2011 年中部地区要素收入分配测算结果　　单位：亿元，%

年份	劳动者报酬	生产税净额	GDP	劳动收入份额	资本收入份额
1994	6238.72	1494.75	11205.65	55.67	30.98
1995	8307.76	1860.14	14414.93	57.6	29.46
1996	9974.83	2104.83	17187.03	58	29.72
1997	11103.93	2427.50	19307.76	57.51	29.92
1998	11579.39	2558.82	20673.15	56.01	31.61
1999	11815.78	2812.68	21734.12	54.37	32.69
2000	12726.42	3077.61	24003.66	53.02	34.16
2001	13905.02	3218.95	26207.81	53.06	34.66
2002	15049.59	3545.43	28680.58	52.47	35.17
2003	16206.12	4290.80	32590.37	49.73	37.11
2004	17608.57	5328.47	39488.95	44.59	41.92
2005	20376.18	6325.67	46545.14	43.78	42.63
2006	22963.34	7287.80	53967.49	42.55	43.95
2007	27470.03	9217.92	65359.77	42.03	43.87
2008	36694.93	11233.23	78781.03	46.58	39.16
2009	40270.86	13321.41	86443.31	46.59	38.00
2010	47497.04	15787.53	105145.56	45.17	39.81
2011	58666.93	18835.78	127624.70	45.97	39.27

资料来源：笔者根据《中国统计数据应用支持系统 V2.01》中数据整理计算而成。其中，劳动收入份额、资本收入份额计算公式如表3—6所示。

3. 西部地区劳动收入份额的变动

西部地区地理面积辽阔，有丰富的自然资源优势，西部大开发也使其享受了一定的政策优惠，但西部地区整体经济发展水平较为落后，GDP 占全国比重约为 20%，是三大区域中最低的，其劳动收入份额的变动如表 3—9 所示。

从 1994 年到 2011 年，西部地区的劳动者报酬从 4318.51 亿元上升到 47378.92 亿元，增长 10.97 倍，略低于东部地区，高于全国平均上升幅度。同样，在劳动报酬上升的同时，西部地区的劳动收入份额从 50.73% 下降到 47.27%，降幅为 3.46 个百分点，比全国平均降幅低 2.23 个百分点。与东、中部资本收入份额增加不同，西部地区资本收入份额从 37.06% 下降到 36.84%，降幅为 0.22 个百分点。政府收入在初次分配中所占份额从 12.20% 上升到 15.89%，升幅为 3.69 个百分点。

表 3—9　　　　1994—2011 年西部地区要素收入分配测算结果　　　单位：亿元,%

年份	劳动者报酬	生产税净额	GDP	劳动收入份额	资本收入份额
1994	4318.51	1038.67	8512.21	50.73	37.06
1995	5436.39	1256.24	10587.81	51.35	36.79
1996	7094.84	1611.45	12439.97	57.03	30.01
1997	7878.64	2000.08	13905.58	56.66	28.96
1998	8362.25	2246.02	14950.91	55.93	29.04
1999	8797.51	2441.06	15822.43	55.6	28.97
2000	9409.90	2628.86	17276.41	54.47	30.32
2001	10210.11	2889.59	18939.40	53.91	30.83
2002	11112.12	3273.54	20956.71	53.02	31.36
2003	12360.86	3557.33	23975.21	51.56	33.61
2004	13774.06	4085.60	28945.20	47.59	38.30
2005	16294.38	4727.49	34086.72	47.80	38.33
2006	18907.11	5520.21	40346.38	46.86	39.46

年份	劳动者报酬	生产税净额	GDP	劳动收入份额	资本收入份额
2007	22764.06	6804.33	49184.06	46.28	39.88
2008	30745.79	8641.46	60447.77	50.86	34.84
2009	33573.83	10066.54	66973.48	50.13	34.84
2010	39433.32	12437.33	81408.49	48.44	36.28
2011	47378.92	15930.29	100234.96	47.27	36.84

资料来源：笔者根据《中国统计数据应用支持系统 V2.01》中数据整理计算而成。其中，劳动收入份额、资本收入份额计算公式如表3—6所示。

4. 东、中、西部地区劳动收入份额变动的比较

从图3—3可以看出，从1994年到2011年，与全国平均劳动收入份额下降的事实相一致的是，无论东部、中部抑或是西部地区的劳动收入份额均出现下滑的现象，只是下滑的幅度在各区域间有所区别。首先，劳动收入份额相对最为稳定的区域为东部地区。东部地区劳动收入份额仅下降3.05个百分点，比西部地区少0.41个百分点，比中部地区少6.65个百分点。但东部地区的劳动收入份额也是三大区域中水平最低的。其次，劳动收入份额下降最为严重的是中部地区，这可能与中部地区的产业布局及全国的产业结构调整有关。再次，从整体上看，西部地区劳动收入份额的水平最高。从1994年到2011年，西部地区平均劳动收入份额为51.42%，比中部地区高1.16个百分点，比东部地区高6.12个百分点。最后，三大区域的劳动收入份额水平越来越接近。1994年劳动收入份额最高的中部地区比劳动收入份额最低的东部地区高出8.92个百分点，而到2011年劳动收入份额最高的西部地区比劳动收入份额最低的东部地区只高3.57个百分点，劳动收入份额在区域间的最大差异减少了5.35个百分点。

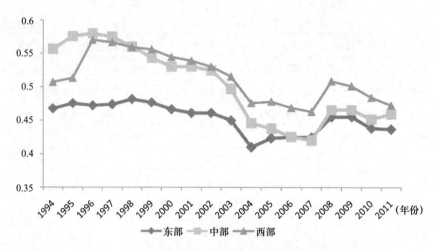

图3—3　东、中、西部地区劳动收入份额变动比较

（三）中国各省份劳动收入份额的变动

根据表3—10 的统计结果，从 1994 年到 2011 年，全国 30 个省、市、自治区中，① 只有 6 个省份的劳动收入份额趋于上升，其余均出现不同程度的下降。其中，上升省份包括 4 个东部省份和 2 个西部省份。以升幅高低排列，分别是上海从 34.78% 上升到 40.16%，升幅为 5.38 个百分点；北京从 44.36 上升到 49.18%，升幅为 4.82 个百分点；云南从 43.85% 上升到 48.03%，升幅为 4.18 个百分点；海南从 47.50% 上升到 50.48%，升幅为 2.98 个百分点；辽宁从 45.60% 上升到 46.20%，升幅为 0.6 个百分点；宁夏从 50.30% 上升到 50.50%，升幅为 0.2 个百分点。在其余下降的 24 个省份中，降幅高达两位数的共有 9 个省份，包括中部 4 个省份和西部 5 个省份。

以降幅高低排列，分别为吉林从 61.07% 下降到 38.66%，降幅达 22.41 个百分点；江西从 64.74% 下降到 43.96%，降幅达 20.78 个百分点；陕西从 57.80% 下降到 39.25%，降幅达 18.55

---

① 　由于重庆直辖市于 1997 年成立，因此，在测算各省份劳动收入份额时将其去除。

个百分点；西藏从81.00%下降到63.46%，降幅达17.54个百分点；内蒙古从60.41%下降为43.46%，降幅达16.95个百分点；四川从57.47%下降到44.62%，降幅达12.85个百分点；湖南从62.32%下降到49.83%，降幅达12.49个百分点；河南从61.06%下降到49.90%，降幅达11.16个百分点；贵州从63.02%下降到52.31%，降幅达10.71个百分点。升幅最大的上海比降幅最大的吉林，幅度变化低了17.03个百分点。

表 3—10　　　　1994—2011 年各省份劳动收入份额变动　　　　单位:%

年份	京	津	冀	晋	蒙	辽	吉	黑	沪	苏
1994	44.36	43.66	54.79	42.93	60.41	45.60	61.07	41.07	34.78	45.05
1995	42.98	44.75	57.66	42.33	58.96	47.37	59.91	47.55	36.08	47.09
1996	42.53	47.64	54.33	42.82	57.33	49.69	61.52	48.06	36.04	47.30
1997	42.37	50.19	53.3	41.95	56.39	50.58	61.73	47.36	34.77	47.34
1998	42.42	50.91	52.96	42.02	56.31	50.86	62.83	47.40	35.29	46.84
1999	42.38	49.84	54.36	41.11	53.20	48.52	61.90	46.72	36.25	45.87
2000	41.99	42.02	53.06	41.19	49.57	44.96	59.76	43.76	36.14	45.76
2001	41.50	40.36	52.58	40.82	47.97	43.97	66.22	46.21	37.13	45.82
2002	41.96	38.83	50.02	40.94	47.1	44.65	65.06	47.24	38.42	45.53
2003	42.33	34.61	48.45	37.87	46.81	44.47	65.06	46.76	36.63	45.24
2004	43.02	33.76	41.08	35.87	43.02	43.38	45.19	36.20	34.33	40.37
2005	45.63	31.44	42.95	35.96	41.07	54.73	44.71	35.61	35.82	40.85
2006	45.05	31.87	45.17	36.38	36.56	55.11	43.26	35.91	36.38	40.71
2007	44.74	31.62	48.25	33.89	34.27	56.05	41.07	36.5	35.87	37.22
2008	50.52	37.31	53.75	40.30	39.97	57.24	40.48	37.71	38.51	40.41
2009	50.54	37.72	55.31	45.86	46.41	49.26	40.18	40.61	39.22	43.59
2010	49.03	38.55	55.31	39.54	43.58	48.66	38.89	37.03	39.28	41.38
2011	49.18	38.72	50.98	41.61	43.46	46.20	38.66	36.97	40.16	41.79

续表

年份	浙	皖	闽	赣	鲁	豫	鄂	湘	粤	桂
1994	43.26	56.67	50.60	64.74	45.38	61.06	53.38	62.32	53.06	61.76
1995	42.86	57.32	52.59	61.43	46.02	61.00	58.17	66.49	51.88	65.54
1996	41.21	56.62	51.97	63.76	44.72	58.77	64.10	64.21	52.44	61.58
1997	42.33	57.39	52.20	65.06	45.58	56.04	64.32	64.01	52.14	63.33
1998	41.56	54.95	52.22	62.90	45.86	52.77	63.09	62.11	56.96	61.74
1999	41.09	52.12	51.83	62.11	46.30	51.33	60.53	59.65	55.23	60.43
2000	43.14	49.80	48.47	60.84	47.85	49.45	61.20	58.80	52.14	59.01
2001	41.77	47.07	48.14	58.56	47.86	48.87	60.30	58.96	50.71	57.80
2002	40.24	47.41	48.62	57.12	47.27	46.87	60.84	57.60	52.70	56.90
2003	39.99	43.12	48.40	55.41	46.63	43.62	55.95	55.59	50.12	53.70
2004	40.28	44.64	44.06	55.92	35.27	44.78	44.70	49.47	47.80	48.70
2005	39.72	45.51	44.10	45.50	37.56	44.31	44.96	50.61	47.08	59.87
2006	40.34	44.75	43.97	44.40	39.11	41.26	42.02	51.13	45.42	59.68
2007	39.68	44.17	43.22	43.87	42.30	41.08	41.13	51.52	44.73	58.70
2008	41.25	53.19	52.92	43.13	44.50	46.97	51.15	52.25	45.27	61.95
2009	39.61	50.08	53.20	40.73	44.84	49.11	47.83	50.24	45.21	59.62
2010	38.92	49.02	50.21	45.06	39.46	49.81	42.51	50.13	44.45	59.38
2011	40.80	48.59	49.78	43.96	38.45	49.90	48.05	49.83	45.64	58.07

年份	琼	蜀	贵	滇	藏	陕	甘	青	宁	新
1994	47.50	57.47	63.02	43.85	81.00	57.80	51.23	54.96	50.30	52.42
1995	48.98	56.74	64.83	46.18	81.00	60.50	50.32	53.92	51.57	55.49
1996	48.80	57.11	64.16	47.31	81.61	57.36	54.94	59.26	52.18	56.28
1997	49.15	57.28	63.62	46.87	75.16	55.85	53.48	59.14	50.76	56.35
1998	48.50	57.06	65.73	44.94	61.97	53.15	53.24	56.33	51.55	57.73
1999	49.12	58.18	65.07	47.99	64.12	50.30	53.57	56.06	51.90	55.77
2000	49.80	57.84	60.36	44.35	67.94	54.77	59.90	52.86	51.34	49.35
2001	48.42	57.44	55.75	46.77	67.15	53.61	55.70	52.23	49.81	52.60
2002	49.07	58.20	55.26	45.71	70.35	49.74	53.83	50.58	49.97	50.97
2003	49.20	56.84	55.14	46.30	60.98	45.68	50.90	48.63	49.43	51.71
2004	49.13	49.45	45.79	44.30	54.76	39.95	50.46	47.26	48.43	53.93

续表

年份	琼	蜀	贵	滇	藏	陕	甘	青	宁	新
2005	48.64	46.63	45.57	47.30	52.03	41.29	45.96	47.58	49.86	48.60
2006	46.74	45.84	51.32	46.02	52.82	39.84	46.33	48.48	51.42	44.66
2007	42.07	46.25	52.32	47.78	51.27	37.71	43.69	50.91	50.02	44.47
2008	55.25	54.12	52.70	49.89	52.17	45.30	52.94	52.68	53.61	49.86
2009	52.45	47.84	53.54	49.57	63.86	45.18	46.95	53.8	53.26	54.46
2010	50.36	47.07	53.11	46.29	64.12	39.79	52.08	47.05	54.53	52.03
2011	50.48	44.62	52.31	48.03	63.46	39.25	45.95	45.26	50.50	50.61

资料来源：笔者根据《中国统计数据应用支持系统 V2.01》中数据整理计算而成，劳动收入份额计算公式如表3—6所示。

二 对全国劳动收入份额的调整

从官方公布的数据核算发现，劳动收入份额的变动，在中国省份、区域与宏观整体之间具有一致性，都普遍下降。那么，第二节介绍的诸多调整方案是否会改变下降的事实呢？本部分选择，从宏观整体上，对中国劳动收入份额核算进行调整，并对各种调整结果加以相关性检验。

（一）调整方案的选择

鉴于中国统计数据的可获得性，对已有的劳动收入份额调整公式进行了筛选，以期最大限度地还原中国的劳动收入份额。虽然在所有的修正方案中，Young（1995）最为科学、最为严谨，结论也最为有效。但考虑到其对统计数据的要求，是目前中国无法达到的。而 Gollin（2002）第二、第三种修正方案，要求在统计劳动者报酬时，将雇员报酬和混合收入分别列出。同样，Gomme 和 Rupert（2004）的调整方案，虽然不需要记录有关混合收入的数据，但却要求具备明确的雇员报酬数据。而中国在统计劳动者报酬时，恰恰没有将这些数据单独列出。因此，以上四种修正方案在中国具有不可操作性。

Gollin（2002）第一种对劳动收入份额进行调整的方法，是将个体经营业主的混合收入全部归为劳动者报酬，这种做法恰巧与中国2004年前省际收入法GDP中，劳动者报酬统计口径相一致。白重恩、钱震杰（2009）的调整方案是根据2004年中国统计口径的改变，利用2004年经济普查获得的个体经营业主相关信息，将2004年之后的劳动者报酬按照2004年之前的统计口径进行调整，实现所有数据统计口径的一致性。这两种方案在中国的实施具有内在的一致性，在此将其混合为第一种调整方法，即调整一。

Krueger（1999）将个体经营业主的混合收入按固定比例进行分配，将其中的2/3归为劳动收入，另外1/3归为资本收入的做法，与张车伟和张士斌（2012）处理完全一致。同时，后者还将所有农户的经营性收入视为混合收入，并提出农民属于典型的自雇者，在中国数量庞大，若按国家统计局规定，将所有农户经营性收入都计为劳动者报酬，显然会高估劳动收入份额。因此，应按照相同比例予以调整。Krueger（1999）、张车伟和张士斌（2012）对混合收入调整的理念完全一致，在此，将其合并为第二种调整方案，即调整二。

吕冰洋和郭庆旺（2012）为保证统计口径一致性，调整了2004年之后的劳动者报酬。同时，与张车伟和张士斌（2012）一样，将个体经营业主的混合收入划分为个体劳动要素收入和个体资本要素收入。但是，吕冰洋和郭庆旺（2012）并没有采取固定比例，而且使用省际平均工资作为替代工具变量，调整个体经营业主的混合收入。根据吕冰洋和郭庆旺（2012）的思想及公式进行的调整视为调整三。

结合吕冰洋和郭庆旺（2012）对统计口径、个体经营业主混合收入的调整，及张车伟和张士斌（2012）对农户经营性收入的调整，做调整四，以辨个体经营业主的混合收入核算方法的不同及其是否会对结果产生根本性影响。

（二）对个体经营业主混合收入的调整说明

中国对个体经营业主混合收入有明确记录的报表，是《中国经济普查年鉴》报告的 2004 年，按地区/行业分组的个体经营户经营情况。其中，包含个体的就业人数、营业收入、营业支出和固定资产原价等数值。在此，以固定资产原值取 5% 折现率核算固定资产折旧，再用营业收入减去营业支出与固定资产折旧之和，获得个体经济的营业盈余。不过，《中国统计数据应用支持系统 V2.01》中，2004 年各省个体从业人员总计为 4587.1 万人，而《中国经济普查年鉴》中，显示的全国个体从业人员为 9422.38 万人。对此的处理，白重恩和钱震杰（2009）提出，若直接用全国个体经济数据校正省际收入法 GDP，会带来额外的偏差。因此，建议用省际个体从业人员在全国中的比例，缩减全国个体经营业主的营业盈余，得到调整后的个体经营业主的营业盈余。因劳动者报酬数据来源于省际收入法 GDP，因此，这种做法符合劳动收入份额测算的统计口径。同时，2005 年到 2011 年的个体经营业主的营业收入、营业支出、固定资产原价没有明确记录。因此，无法和 2004 年一样，计算得出较为明确的个体经营业主的营业盈余，但《中国统计数据应用支持系统 V2.01》中提供了这些年份的个体就业人数。在此，假设 2005 年到 2011 年，个体经营业主创造营业盈余的能力与 2004 年一样，从而利用个体从业人员人数的变化，核算出 2005—2011 年个体经营业主的营业盈余（结果如表 3—11 所示）。

表 3—11　　　　2004—2011 年个体经营业主的营业盈余　　单位：亿元，万人

年份	营业收入	营业支出	固定资产原价	全国个体从业人数	省际个体从业人数	调整后营业盈余
2004	86909.32	65109.81	16372.55	9422.38	4587.10	10214.13
2005					4900.50	10911.98
2006					5159.70	11489.14
2007					5496.20	12238.43
2008					5776.40	12862.35

年份	营业收入	营业支出	固定资产原价	全国个体从业人数	省际个体从业人数	调整后营业盈余
2009					6585.40	14663.76
2010					7007.60	15603.87
2011					7945.30	17691.86

资料来源：笔者根据《中国统计数据应用支持系统 V2.01》中数据，结合调整说明整理计算而成。

(三) 调整结果说明

调整一的目标是保证统计口径一致性，因此，在将 2004 年之后个体经营业主的营业盈余转为劳动者报酬的同时，需将国有及集体农场营业盈余从劳动者报酬中去除。而 2004 年及之后的国有和集体农场营业盈余并没有详细记录，对此的处理分成两个层次：首先，对于因响应 2004 年统计口径改变而导致的当年农业营业盈余记录为零或接近零的天津、河北、辽宁、吉林、浙江、福建、湖北、江西、云南、西藏、新疆等省区，假设这些省区 2004 年农业营业盈余在农业 GDP 中比重与 2003 年相等；其次，对于完全缺失的 2005—2011 年各省份国有及集体农场营业盈余的数据，假设每个省份各年国有及集体农场营业盈余占农业GDP 的比重与 2004 年相等。

经过这种处理，结果如表3—12 中调整一所示：相较于未调整数值，2004—2011 年劳动收入份额明显上升。其中，2004 年由 42.99% 上升到 47.92%，增加 4.93 个百分点。且调整后数值，与 2003 年的 47.23% 比较，不仅没有下降，反而上升 0.69 个百分点，这与白重恩和钱震杰（2009）的核算结果类似。调整一中，2004 年之前的数值保持不变。因此，调整一显示，从 1994 年到 2011 年，中国劳动收入份额由 50.63% 下降为 47.51%，下降了 3.12 个百分点。相较于未经调整的 5.67 个百分点下降，虽然少了 2.55 个百分点，但并没有扭转劳动收入份额下降的趋势。

　　调整二将个体和农户混合收入一并按固定比例（2/3 为劳动者报酬）进行调整，结果印证了张车伟和张士斌（2012）的观点。从 1994 年到 2011 年，中国劳动收入份额从 44.66% 下降到 44.36%，下降仅 0.3 个百分点。张车伟和张士斌（2012）认为，经过这种方式的调整，中国劳动收入份额虽下降趋势不变，但幅度大大减少。因此，中国劳动收入份额面临的最大问题，不是劳动收入份额的下降，而是劳动收入份额的过低现象。

表 3—12　　　　　1994—2011 年调整后的中国劳动收入份额　　　　单位：%

年份	未调整劳动份额	调整一	调整二	调整三	调整四
1994	50.63	50.63	44.66	50.19	44.55
1995	51.78	51.78	45.68	51.24	45.54
1996	51.76	51.76	45.66	51.18	45.49
1997	51.63	51.63	45.79	51.02	45.61
1998	51.54	51.54	46.13	50.85	45.94
1999	50.74	50.74	45.72	50.00	45.52
2000	49.57	49.57	45.22	48.93	45.03
2001	49.13	49.13	45.12	48.48	44.92
2002	48.81	48.81	45.09	48.11	44.90
2003	47.23	47.23	43.88	46.46	43.63
2004	42.99	47.92	40.23	42.91	40.36
2005	43.61	48.07	41.35	43.68	41.31
2006	43.28	47.29	41.43	43.49	41.26
2007	43.03	46.49	41.42	43.32	41.16
2008	46.73	49.68	45.34	47.05	45.02
2009	46.62	49.76	45.62	47.19	45.03
2010	45.00	47.73	44.14	45.56	43.55
2011	44.94	47.51	44.36	45.66	43.59

　　资料来源：笔者根据《中国统计数据应用支持系统 V2.01》数据，结合各调整公式整理计算而成。

　　调整三只对个体经营业主的混合收入进行调整，且调整不按固定比例划分资本和劳动收入，而是假设了个体经营业主创造营业盈余的能力与其他经济体相同。结果如表3—12中调整三所示，从1994年到2011年劳动收入份额由50.19%下降为45.66%，下降了4.53个百分点。

　　调整四在调整三的基础上，结合张车伟和张士斌（2012）的观点，将农户经营性收入归为混合收入，按固定比例调整为资本和劳动收入。结果如表3—12中调整四所示，劳动收入份额从44.55%下降为43.59%，下降0.96个百分点。

　　综上所述，首先，无论采取何种方式调整，中国劳动收入份额的变动，只是表现为下降幅度的差异，下降的趋势并没有改变，印证了很多学者提出的有关中国劳动收入份额下降的事实。其次，无论是否经过调整，中国的劳动收入份额水平都较低。近几年各种核算结果都显示，中国的劳动收入份额在45%左右，诚如罗长远和张军（2009）所述，远远低于大多数国家的55%—65%的水平。

（四）各种调整结果之间的相关系数

　　为明确由官方提供数据核算得到的中国劳动收入份额，与经过各种思想指引下的调整结果之间的关系，本部分测算了原始结果与调整结果之间的相关系数。结果如表3—13所示，未经调整的中国劳动收入份额，与经任何一种调整方案得到的结果之间都是高度相关的。因此可以判断，无论采用哪一种方法测算中国的劳动收入份额，对分析的结果都不会产生根本性的影响。同时，鉴于四种调整方案中，有关个体经营业主的营业盈余、个体劳动者报酬、国有及集体农场营业盈余、农户经营性收入等数值，都是通过一定的假设条件获得的，目前国内缺乏明确的统计数据，而这些假设条件是否成立有待进一步考察。2004年有关个体经营业主的信息，虽然在当年的经济普查工作中有详细记录，但所记录的个体从业人员数目与当年《中国统计年鉴》出入较大。因此，后续研究直接引用由官方公布的省际收入法 GDP 数值核算中国的劳动收入份额。

表 3—13　　　未调整的劳动收入份额与各种调整结果的相关系数

	未调整	调整一	调整二	调整三	调整四
未调整	1				
调整一	0.8989	1			
调整二	0.8512	0.753	1		
调整三	0.9927	0.9163	0.8879	1	
调整四	0.8968	0.8021	0.9938	0.924	1

第四节　中国对外贸易与劳动收入份额变动比较

　　中国对外贸易的发展，体现了全国和区域的不同特点。宏观上，中国对外贸易不仅表现在对外贸易总额，且进口总额、出口总额等都处于绝对高速的增长中，在国际市场上的地位越来越高，对国际市场的依赖程度也越来越大；区域上，中国对外贸易属于东部地区一枝独秀，2012 年东部地区的对外贸易总额，是中西部地区之和的 7.21 倍。同时，东部地区的对外贸易依存度，也远远高于中西部地区。从 1994 年到 2012 年，东部地区的平均对外贸易依存度，是中西部地区的 6 倍以上。相对而言，劳动收入份额的变化，在全国或区域上表现较为一致，同时，由官方数据测算得到的劳动收入份额，和调整后的劳动收入份额也高度相关。

　　因此，本节采用 1994—2011 年中国对外贸易与未经调整的劳动收入份额的数据，从两个方面直观比较两者之间的关联。其一，对外贸易总额与劳动收入份额的变化趋势比较；其二，对外贸易依存度与劳动收入份额的变化趋势比较。且同时结合宏观全国及东、中、西部各区域数据，以作对比。

一　中国进出口总额与劳动收入份额的变化趋势比较

图 3—4、图 3—5、图 3—6、图 3—7 分别描绘出宏观全国、东部地区、中部地区和西部地区进出口总额与劳动收入份额的变化。由图可知，从总体上看，无论是宏观全国，还是东、中、西部各区域，不管对外贸易总额的差异有多大，均表现为高速上升趋势。与此同时，劳动收入份额均表现为在波动中出现下降。

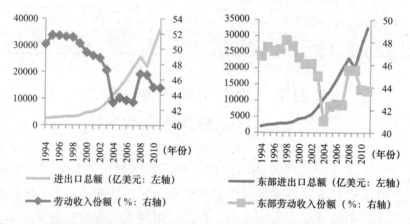

图 3—4　中国进出口总额与劳动收入份额　图 3—5　东部进出口总额与劳动收入份额

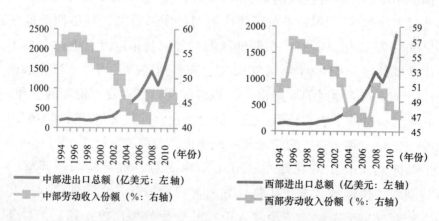

图 3—6　中部进出口总额与劳动收入份额　图 3—7　西部进出口总额与劳动收入份额

具体而言，全国与东部地区情形极其一致，中部和西部地区也高度相同。主要的原因可能是东部地区的进出口总额占全国85%以上，而中部和西部的进出口总额占全国的比重也较为接近。全国和东部地区如图3—4和图3—5所示。除2009年因全球金融经济危机导致当年进出口总额比2008年低外，从1994年到2011年，对外贸易总额趋于逐渐上升趋势；而劳动收入份额分别从1995年和1998年开始逐渐下降，2005年到2008年在波动中趋于上升，继而又出现下降趋势。中西部地区如图3—6和图3—7所示。中西部地区的对外贸易额在2000年之前较为稳定，2000年之后急速上升，同样在2009年出现下降后高速上升；而劳动收入份额均从1996年开始下降直到2008年，2008年两大区域劳动收入份额均有所上升，继而中部地区在波动中起伏，而西部地区则直线下降。

二　中国对外贸易依存度与劳动收入份额变化趋势比较

劳动收入份额是个相对概念，可对外贸易额却是个绝对概念。因此，本部分选择同样作为相对概念的对外贸易依存度，与劳动收入份额变动进行比较。图3—8、图3—9、图3—10、图3—11分别描绘了从1994年到2011年，宏观全国、东部地区、中部地区和西部地区，对外贸易依存度和劳动收入份额的变化趋势。由图可知，无论是宏观全国，还是东、中、西三大区域，对外贸易依存度和劳动收入份额变化趋势之间的对应关系都较为一致。其中，对外贸易依存度都表现为短暂下降后，持续上升，继而短暂下降，后有所上升。而劳动收入份额则表现为短暂上升后，长期下降，随后短暂上升，后波动下降。因此，无论是从对外贸易额，还是从对外贸易依存度分析，都可以做出以下基本判断：劳动收入份额与对外贸易之间存在着密不可分的关联。

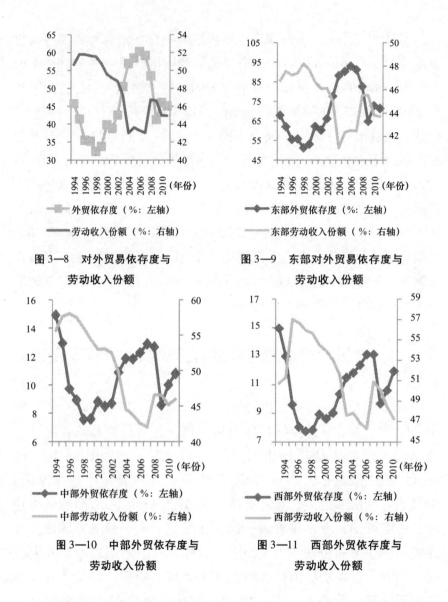

图 3—8　对外贸易依存度与
　　　　劳动收入份额

图 3—9　东部对外贸易依存度与
　　　　劳动收入份额

图 3—10　中部外贸依存度与
　　　　　劳动收入份额

图 3—11　西部外贸依存度与
　　　　　劳动收入份额

　　总体上，本章对中国对外贸易和劳动收入份额的核算结果显示，从 1994 年到 2011 年，中国对外贸易无论是在宏观层面还是在区域层面上，都取得了飞速发展，对国际市场有着较高的依赖。与此同时，中国劳动收入份额，无论是否经过调整，其宏观、区域抑或省份数值，都出现了不同程度的下降。由此产生了这样的疑问：对外贸易的高速发展与劳动收入份额的减少，是否有着必然的联系？若两者如同直观图表所示，有着密不可分的关系，那么，对外贸易通过什么样的机制，改变一国的劳动收入份额？同时，不同机制的影响方向是否一致？等等。第四章到第六章，结合文献综述针对以上具体问题，探讨了对外贸易影响中国劳动收入份额的具体机制。

第四章　对外贸易、结构变动与中国劳动收入份额

从结构角度，研究对外贸易对中国劳动收入份额不同组成部分产生的不同影响，有助于理解现有相关研究结论存在较大差异的原因，及正确认识外贸的影响。本章内容安排如下：第一节分析对外贸易与结构调整及企业动态的关系，从对外贸易与产业结构变动、工业产业内部分布变动、企业动态三个方面展开分析；在微观层次结构变动基础上，第二节将劳动收入份额的变动分解为不同的组成部分，并考察了中国国有工业企业，劳动收入份额不同组成部分的实际变动；第三节检验贸易对中国劳动收入份额不同组成部分的影响；最后是对本章内容的小结。

第一节　对外贸易、结构调整与企业动态

改革开放以来，随着对外贸易开放程度的深化，特别是加入世界贸易组织（WTO），无论是从宏观表象，还是背后的微观机制，我国的经济结构均发生了大规模的调整。从三次产业结构调整的角度，体现总体变动特征的 STR 指标在 1978 年、2001 年之后出现了持续性的上升；从工业产业内部结构调整的角度，加入WTO 前后，工业产业增加值、企业数量和就业人数比重的密度分布出现明显变化；从企业进入退出的角度，2001 年国有工业企业的进入率、退出率，是去除经济普查年后，所有年份里最高的。

一 对外贸易与产业结构变动

整体来看，1970—2012 年，中国的三次产业结构变动，呈现出第一产业比重持续下降、第二产业比重保持平稳、第三产业比重持续上升的基本特征（见图4—1）。2012 年，中国第一、第二和第三产业增加值占当年 GDP 的比重分别为 10.1%、45.3% 和 44.6%；与 1990 年相比，第一产业比重降低了 17 个百分点，而第二产业、第三产业却分别提高了 4%、13%；与 1970 年相比，第一产业比重下降更是超过 25%，同时，第二产业、第三产业则分别提高了 5% 和 20%。

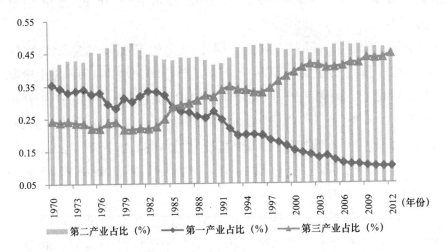

图4—1 三次产业增加值在 GDP 中的比重：1970—2012 年

资料来源：Wind 资讯。

回顾这段产业结构的演进历程，如果单纯从不同产业增加值比重变化的角度，大致可以将其划分为三个阶段。第一阶段由 1970 年至 1978 年，类似于通常所说的工业化初期阶段。这一阶段的主要特征在于，第二产业在国民经济中占据主导地位，增加值在 GDP 中的比重超过第一产业和第三产业的占比；同时，第二产业的发展速度快于第一产业和第三产业，从而在一定程度上挤占了第一产业和第三产业在 GDP 中的份额。比如，相比于 1970 年，1978 年第二产业增加值占 GDP 的比重由 40.34% 上升为 47.88%，而第一产业、第三产业增加值占 GDP 的比重则分别从 35.40%、24.26% 下降到 28.19%、23.94%。

第二阶段由 1979 年至 1983 年，属于改革开放初期的摸索阶段。由于这一时期中国第二产业、第三产业的国际竞争力非常弱，从比较优势的角度看，第一产业反而获得了加速发展的机会。比如，相比于 1970 年，在第三产业增加值占 GDP 比重基本稳定的同时，第一产业增加值占 GDP 的比重由 31.27% 上升为 1983 年的 33.18%，而第二产业增加值占 GDP 的比重则从 47.10% 下降为 44.38%。

第三阶段是 1984 年至今，属于农业生产要素的持续转移阶段。这一阶段的主要特点在于，第二产业增加值占 GDP 的比重基本保持稳定，而第三产业增加值占 GDP 的比重超过第一产业并迅速上升，同时第一产业增加值在 GDP 中的份额持续下降。比如，2012 年第一产业增加值占 GDP 的比重比 1984 年下降了 22.04%，而第二产业、第三产业增加值占 GDP 的比重则分别增加了 2.23%、19.81%。

上述阶段划分，只是从不同产业比重变化的角度，对中国三次产业结构进行了一些初步分析，并不能从数量的角度，准确地描述总体产业结构的调整，从而也就不能清楚看出总体结构调整的特征及其与贸易开放的关系。而三次产业增加值占 GDP 的比重有增有减，为了能整体显现这些不同的变化，本处构造 STR 指标来描述三次产业结构的总体变动，其公式为：

$$STR = \sum_{i=1}^{3} \frac{|r_{it} - r_{it-1}|}{(r_{it} + r_{it-1})/2}$$

其中，i 表示不同产业，t 表示时期，r 表示不同产业增加值占 GDP 的比重。图 4—2 提供了 1970—2012 年中国产业结构的总体变动情况，为了减少波动性，图4—2同时提供了进行5年期移动平均处理后的 *STR*（采用其他年数进行移动平均处理，如2、3、4等，并不影响图形走势）。正如我们所能预计的，图4—2中，有两个年份值得注意，分别是1978年和2001年。其中，1978年党的十一届三中全会召开，开启了改革开放的序幕；而2001年中国正式加入WTO，掀开了改革开放新的篇章。与此对应，这两个年份之后，体现中国产业结构总体变动的 *STR* 指标，都出现了持续性的上升，初步显示出贸易开放对中国经济结构调整的重要作用。

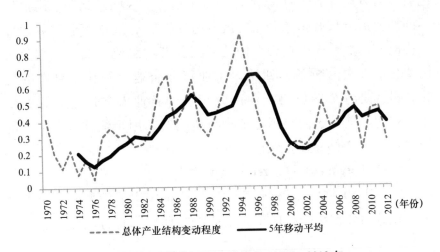

图4—2　总体产业结构变动情况：1970—2012年

资料来源：Wind 资讯。

二　对外贸易与工业产业的内部分布变动

上文针对中国三次产业结构变动特征及其与贸易开放联系的讨论，仅仅是从整体角度所做的粗略分析，并没有涉及三次产业内部的结构调整。可事实上，从数据计总的角度，尽管某一大类产业增加值占 GDP 的比重可能没有发生明显变化，但这并不表示该大类产业内部就没有发生大幅度的调整，比如，在该大类产业内部，部分产业扩张、部分产业收缩同时存在的情况。因此，本节进一步探寻贸易开放程度加深的时候，大类产业内部结构调整的证据。出于内部涵盖的产业数量和数据可获得性等方面的考虑，此处分析仅以第二产业（工业产业）为主。

由于无法获得较长时间跨度的四位码工业产业相关数据，构造总体 STR 指标的分析方法，分析效果可能并不理想。而且，按照中国国家统计局的国民经济产业分类（GB/T 4754—2002），由采矿业，制造业，电力、热力、燃气及水生产和供应业组成的工业产业，包括的四位码产业共计 501 个，产业之间存在的异质性也会掩盖各产业 STR 指标背后的内在趋势。因此，此处采用估计不同产业部分核心指标分布密度的分析方法，观察工业产业内部结构的变动。首先分析各个四位码工业产业工业增加值比重分布的变化，其次分析各个四位码工业产业企业个数比重分布的变化，再次是各个四位码工业产业年平均就业人数比重分布的变化。在此之前，先简要阐述本小节所用的、用于估计分布密度的 Rosenblatt – Parzen 核密度估计方法。

（一）Rosenblatt – Parzen 核密度估计

Rosenblatt – Parzen 核密度估计方法是应用最为普遍的密度分布函数核估计方法，相比于其他方法，如局部直方图估计法，该方法通过选择一个正的、满足 $\int_{-\infty}^{+\infty} K(\varphi) dx = 1$ 条件的权重核函数 $K(\varphi)$，以确保分布密度的估计值处处为正。该方法的核心思想在于，在估计分布密度函数的时候，离 x 越远的 x_i 被赋予的权数越小。于是，分布密度函数的核估计量 $\hat{f}(x)$ 就可以表示为（h 通常被称为带宽、窗宽或平滑参数）：

$$\hat{f}(x) = \frac{1}{nh} \sum_{i=1}^{n} K\left(\frac{x_i - x}{h}\right) = \frac{1}{nh} \sum_{i=1}^{n} K(\varphi_i)$$

Rosenblatt – Parzen 核密度估计中，表征权重的核函数 $K(\varphi)$ 需要在估计之前给定。考虑到核函数具有非负、全区间积分为 1 的特性，与一般密度函数的特征完全相同，因此实际估计中通常选择常用的概率密度函数作为核函数来使用，如均匀核、高斯核、Epanechnikov 核、四次方核等（由于采用不同核函数对结果影响不大，出于简要的考虑，下面的估计仅提供高斯核、Epanechnikov 核的结果）。而且，由于事先设定的核函数一般具有连续性和可导性，所以，对于随机变量 X 而言，通过核函数估计出的密度函数 $f(x)$ 一般也具有连续性和可导性。

（二）四位码工业产业各变量比重分布的变化

先简单阐述设定分析数据年份和图形的考虑。本小节分析的数据全部来自《中国统计数据应用支持系统 V2.01》，这是目前国内提供工业产业数据最为详细的数据库。但是，《中国统计数据应用支持系统 V2.01》只提供了 1999—2011 年的四位码工业产业相关变量的数据，因而，此处将分析的起始年设为 1999 年；同时，由于目前所能获得的最新四位码工业产业的工业增加值数据只到 2007 年，为了比较的一致性，此处将针对不同工业产业工业增加值、企业数量和年平均就业人数的分析，截至年统一设为 2007 年。考虑到加入中间年份工业增加值、企业数量和年平均就业人数的分布密度将会使得内部结构的变动难以在图形中清晰展现，而且，2004 年之后的各个年份分布密度的变动较小，此处仅提供 1999 年、加入 WTO 的 2001 年和之后 2004 年的分布密度。另外，为了比较的方便，本小节粗略地将下面图 4—3、图 4—4 和图 4—5 的横坐标大致划分为（0，0.0005）、（0.0005，0.002）、（0.002，0.005）三个分析区间。

值得注意的是，2002 年前后国家统计局使用了两套存在较大差异的产业分类标准，分别是 GB/T 4754—1994 和 GB/T 4754—2002。两套分类标准之间的差异，主要体现在四位码层次的对应上。由 GB/T 4754—1994 到 GB/T 4754—2002，两类标准之间的对应及变动大概存在四种情况，第一是 GB/T 4754—1994 的某个四位码产业能与 GB/T 4754—2002 的某个四位码产业一一对应，只是名称可能发生了变动，如 GB/T 4754—1994 的印染业（1723）对应 GB/T 4754—2002 的棉、化纤印染加工业（1712）；第二是 GB/T 4754—1994 内的若干四位码产业合并为 GB/T 4754—2002 的某个四位码产业，如 GB/T 4754—1994 的碾米业（1311）、磨粉业（1312）合并为 GB/T 4754—2002 的谷物磨制业（1310）；第三是 GB/T 4754—1994 的某个四位码产业拆分为 GB/T 4754—2002 的若干四位码产业，如 GB/T 4754—1994 的其他基本化学原料制造业就拆分为 GB/T 4754—2002 的环境污染处理专用药剂材料制造业（2666）和其他专用化学产品制造业（2669）；第四是 GB/T 4754—1994 的某个四位码产业拆分之后，其中的部分四位码产业与其他 GB/T 4754—1994 的若干四位码产业合并，形成若干个 GB/T 4754—2002 的四位码产业，如 GB/T 4754—1994 中的其他纺织业（1790），分解后部分对应 GB/T 4754—2002 的无纺布制造（1757），部分与原 GB/T 4754—1994 的其他纤维制品制造业（1890）合并，对应 GB/T 4754—2002 的其他纺织制成品制造业（1759）。

因此，2002 年前后工业产业比较存在一个数据对应问题。本处采用的对应方法是，针对第一种情况，调整 2002 年之前（含 2002 年）年份的四位代码；针对第二种情况，将 GB/T 4754—1994 内的若干四位代码统一调整为 GB/T 4754—2002 的四位代码；针对第三种情况，将 GB/T 4754—2002 内的若干四位代码统一调整为 GB/T 4754—1994 的四位代码；针对第四种情况，将相关联的 GB/T 4754—1994 内、GB/T 4754—2002 内的若干四位码产业计总并对应。

从不同年份工业产业增加值、企业数量和就业人数比重分布密度的变化可以看出，随着贸易开放程度的加深，工业产业内部同样存在较大规模的结构调整。首先，从不同四位码工业产业工业增加值比重的分布变化来看，图4—3显示，无论是高斯核，还是Epanechnikov核，加入WTO的当年和之前年份，工业增加值比重的密度结构基本没有太大变化，2004年相比1999年和2001年，（0，0.0005）区间的密度虽有小幅下降，但（0.0005，0.002）区间的密度均出现了明显提升，而（0.002，0.005）区间的密度则都呈现不规则的交替变化。

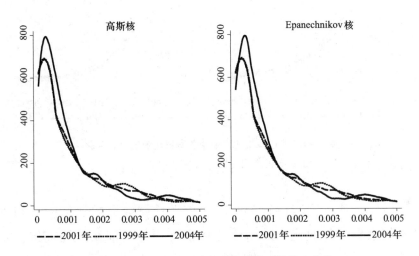

图4—3　四位码工业产业增加值比重的分布变化
资料来源：《中国统计数据应用支持系统 V2.01》。

其次，从不同四位码工业产业内企业数量的分布变化来看，图4—4中，同样无论是高斯核，还是Epanechnikov核，加入WTO的当年和之前年份，工业产业企业数量比重的密度结构基本没有太大变化；而2004年与2001年、1999年相比，除（0.002，0.005）区间的密度有小幅下降外，其他变动特征与工业增加值比重分布变化的特征基本类似，说明不同四位码工业产业工业增加值占比的变动与产业内企业数量的变动密切相关；（0.002，0.005）区间密度的变化，说明占比较高的四位码工业产业内企业的生产规模可能在扩大。但最值得注意的是，企业数量在（0.0005，0.002）区间的密度变化明显大于增加值在此区间的变化。

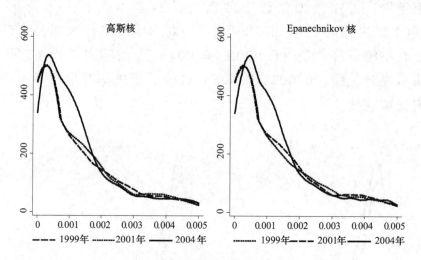

图4—4 四位码工业产业企业数量比重的分布变化

资料来源：《中国统计数据应用支持系统 V2.01》。

最后，从不同四位码工业产业年平均就业人数比重的分布密度变化来看，就业比重的密度变化情况，与之前工业增加值、企业数量比重的密度变化稍有差别。图4—5 中，无论是高斯核，还是 Epanechnikov 核，1999 年和2001 年，除在（0，0.0005）区间的密度变动略有不同之外，其余区间的变动基本类似；而2004年相比 1999 年和2001 年，（0.0005，0.002）区间的密度则有所增加，但增加的程度同样明显小于企业数量在此区间的密度变化；就业比重增加的幅度小于企业数量比重增加的幅度，同时（0.002，0.005）区间就业比重的分布密度基本保持不变，还说明（0.0005，0.002）、（0.002，0.005）区间的四位码工业产业，其生产效率获得了一定程度的提升。

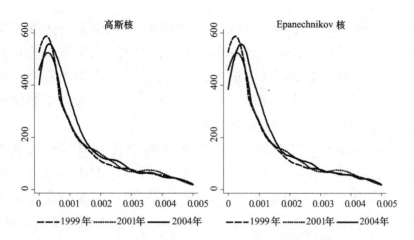

图4—5　四位码工业产业就业比重的分布变化

资料来源:《中国统计数据应用支持系统 V2.01》。

三　对外贸易与企业动态

上一小节针对工业产业内部结构变动的分析，仍然留下了这样一个疑问，即图4—4 中不同四位码工业产业内部企业数量比重分布密度的变化程度，怎么会明显大于图4—3 和图4—5 中工业增加值、就业数所占比重的密度变化呢？这说明微观企业层面的变动，可能比产业层面的结构变动幅度更大。

（一）企业的进入、在位与退出

企业层面的变动，大致包括三类企业主体，第一类是在位企业（Incumbents），第二类是新进入企业（Entrants），第三类是退出企业（Exiters）。对某一细分工业产业来说，在某一时点，有大量新的企业进入，并带来可能改变进入产业状态的新产品或技术等，因此，新企业进入后会与该时点仍在位的企业在产品和要素等市场展开竞争。企业之间的竞争使得该进入产业同时出现获利企业和亏损企业（也称获胜企业和失败企业），新进入企业和原在位企业在对其生产和经营环境认识加深的基础上，做出扩张、收缩或退出的决策。因此，在同一时点，还会存在大量的企业退出。竞争中的失败者会因亏损而退出该产业，继而，退出企业的生产要素和市场份额在该进入产业的仍在位企业间重新配置。另外，从潜在进入企业的角度，企业的进入与退出是相互关联的，一方面更多的新企业进入会加剧进入产业的竞争程度，导致更多的企业因为失败而退出；另一方面，进入产业竞争的激烈程度也会对潜在进入企业产生影响。

Bartelsman 等（2003）利用 20 世纪 90 年代 10 个 OECD 国家（美国、德国、法国、意大利、英国、加拿大、丹麦、芬兰、荷兰和葡萄牙）大约 40 个工业产业的数据，提供了企业存在显著进入退出情况的证据。Kocsis 等（2009）利用已有的相关文献，总结了企业进入、退出的三个事实：第一，每年的企业进入率加上退出率会超过 20%；第二，新进入企业和退出企业一般规模较小，生产率水平较低，而且，有超过 50% 的新进入企业会在进入的前五年退出；第三，如果新进入企业规模扩张和生产率提高的速度快于产业平均速度，则该企业在大多数新企业会退出的前五年将生存下来。

（二）企业进入、在位与退出的识别与测度

目前，由于世界各国企业层次的数据库越来越多，对企业动态的研究也得到了越来越多的重视。但是，中国的企业动态具有什么特征？是否也存在 Kocsis 等（2009）所总结的部分经验事实呢？而且，与对外贸易的发展又具有什么联系？是否与宏观层次的分析结论类似呢？我们将对这些问题进行深入分析。

在分析之前，先对企业的进入、在位、退出以及企业进入率、退出率做出界定。与 Kocsis 等（2009）、Bockerman 和 Maliranta（2012）等一致，我们采用如下方式定义进入、在位与退出企业：

新进入企业（E_t）——$t-1$ 期不存在，但 t 期存在；

在位企业（C_t）——$t-1$ 期存在，t 期存在；

退出企业（D_t）——$t-1$ 期存在，但 t 期不存在；

那么，t 期该产业总的企业数就可以表示为 $E_t + C_t$，$t-1$ 期

与 t 期之间的企业进入率、退出率可以相应表示为：

$$e_t = \frac{E_t}{E_t + C_t}, d_t = \frac{D_t}{E_t + C_t}$$

在国内，对企业问题的研究，通常使用国家统计局的中国工业企业数据库。但是利用中国工业企业数据库从整体上对企业进入与退出进行识别与测度，可能存在一些问题。比如，国家统计局的工业企业数据库，只是包括了全部的国有工业企业和规模以上的非国有工业企业，因此，企业在该数据库中出现或退出，可能并不一定是实际生产经营的进入与退出，而可能是规模变动造成的；而且，有些企业虽然没有进入和退出，但是可能更改企业名称、经营范围等，从而会在一定程度上产生虚假的企业进入、退出。

因此，对中国企业的进入、在位与退出情况的分析，必须克服或减弱上面两个方面的问题。笔者考虑，对上述问题的克服必须从两个角度入手：首先，针对企业规模变动导致企业进入、退出工业企业数据库的情况，我们只能采用工业企业数据库中的全部国有工业企业数据。这样，就可以避免因规模以上非国有工业企业规模变动导致的虚假进入、退出情况。其次，需要准确识别工业企业数据库中的企业身份；通常来说企业在登记注册的时候都会有唯一的企业代码和企业名称，但是随着内部生产经营及外部经济环境的变动，同一企业可能会具有多个不同的企业代码，如以前的某某厂更名为某某公司，到后面的某某股份公司、股份有限公司，又或者是因为兼并，等等；另外，因为冒用、输入错误等问题，同一企业代码也可能对应不同的企业。

对企业身份的识别，从所分析问题的角度出发，与 Loren 等（2012）、聂辉华等（2012）的处理方式略有不同，我们采用如下的方式。首先是剔除每一年中名称重复的样本企业，以减轻人工识别阶段的工作量和提高准确性；其次是按企业名称分组，将相同企业名称的企业代码统一；最后是按企业代码分组，考察同一代码组的企业是否具有不同的企业名称，如果有，进一步根据企业法人代表、地址、邮编、关键变量等，利用人工识别的方式，辨别这一组的所有企业是否可以被认定为同一家企业。利用上述方法对企业身份进行识别后，我们发现，在1998—2009年总的290多万家企业中，有4.9%的企业（约14.5万家）属于名称相同但法人代码不同或者相反的情况。

　　在上述识别处理的基础上，由于2008年、2009年均缺少工业增加值数据，而且也缺乏对工业增加值进行估算所需的部分变量，比如从支出法估算所需要的工业中间投入指标，从收入法核算所需要的本年折旧指标等，此处将研究年份设定为1999—2007年，总样本包含企业数量为2106887个。其中2004年是经济普查年，工业企业数据库中并没有提供工业增加值指标，根据会计准则，我们利用支出法估算工业增加值，具体公式为：工业增加值＝工业总产值－工业中间投入＋本年应交增值税。

表4—1　　　　　　　　中国国有工业企业的进入与退出情况

年份	退出数	进入数	在位数	退出率	进入率	周转率
1999	13931	9954	30400	0.3452	0.2467	0.5919
2000	12777	6657	27577	0.3732	0.1945	0.5677
2001	13304	8143	20930	0.4576	0.2801	0.7377
2002	9063	5240	20010	0.3589	0.2075	0.5665
2003	9308	5004	15942	0.4444	0.2389	0.6833
2004	9674	8071	11272	0.5001	0.4173	0.9174
2005	7720	3371	11623	0.5149	0.2248	0.7397
2006	4734	2932	10260	0.3589	0.2223	0.5811
2007	5683	2490	7509	0.5684	0.2490	0.8174

资料来源：笔者根据中国工业企业数据库计算。

　　除此以外，考虑到该数据库有些指标存在一些明显的异常情况，为了不至于影响最后的估计结果，需要我们在计算前对这些异常样本进行剔除。首先，如谢千里等（2008），我们剔除了从业人员年平均人数这一指标中，从业人员年平均人数小于8人的39302个企业样本，因为这些企业缺乏可靠的会计系统；其次，剔除了关键变量（如工业总产值、工业增加值、资产总计、固定资产净值年末余额、本年应付工资总额、本年应付福利费总额等）缺失的样本，共1862个；再次，剔除关键变量异常的样本，如工业总产值小于零等，共9398个；最后，剔除部分明显不符合会计准则的样本企业10198个，如资产总额小于流动资产总额、资产总额小于固定资产净值年末余额、工业增加值大于工业总产值等。

由于此处只分析国有工业企业的动态变动，因此，还需要在经过上述剔除后的总体样本中，将非国有企业剔除，而仅保留国有企业。但是，利用中国工业企业数据库，在剔除非国有企业的过程中，可能还需要考虑变量定义的问题。工业企业数据库中，能够识别企业所有制的变量有注册类型和实收资本金，其中，注册类型表示企业在工商行政部门注册登记时的类型，而实收资本金，包括其中国家资本金、集体资本金、法人资本金、个人资本金、港澳台资本金和外商资本金，表示的是企业在不同年份的控股类型。但正如聂辉华等（2012）所提出的，在中国存在有相当部分的国有企业在注册时是国有企业，但后续发生了变动的情况。从这个角度看，采用实收资本金中国家资本金所占的比例来识别和定义国有工业企业，可能更为科学和准确。因此，此处采用国家资本金占实收资本金超过50%，作为识别国有企业的标准。另外，还有一点需要注意的是，在中国工业企业数据库中，实收资本金（包括其中的国家资本金等）变量也存在异常情况，如实收资本金总额小于零，国家资本金、集体基本金、法人资本金、个人资本金、港澳台资本金和外商资本金小于零，国家资本金、集体资本金、法人资本金、个人资本金、港澳台资本金和外商资本金大于实收资本金等，必须加以剔除。因此，本小节最后用于估计中国国有工业企业进入、在位、退出情况的样本总数为251716 个。

　　由于数据的限制，正如上文所说，在本小节的分析中，还仅仅只能考虑全部国有工业企业的进入、在位与退出情况。但是，其结果仍然足以反映出我国企业动态变动的剧烈程度及其与贸易开放的关系。表 4—1 显示，1999—2007 年，每年我国国有工业企业退出的数量都远大于进入数量，其中，2005 年、2007 年的退出率更是超过进入率 2 倍还多，这也导致在位的国有工业企业数量急剧下降。因为 2004 年是我国的经济普查年，企业进入率、退出率明显更高一些。但是，即使不考虑经济普查年，其他年份国有工业企业周转率（进入率＋退出率）的最低值是 0.5677（2000 年），仍然远远高于 Kocsis 等（2009）总结的 20% 的周转率。而且图 4—6 中的趋势线显示，2001 年后，国有工业企业的进入率、退出率，其平均水平远远高于 2001 年以前的平均水平，从而在微观层次，进一步证明了贸易开放对企业动态变动程度的显著影响。

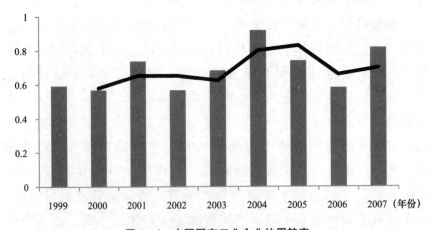

图 4—6　中国国有工业企业的周转率

资料来源：见表 4—1。

第二节　劳动收入份额变动的成分

上一节利用 STR 指数、分布密度和企业动态等指标分别从宏观和微观的层次，分析了贸易开放与经济结构调整之间的关系。由于宏观层次的变动，其根源在于微观层次结构的变动，因此，分析贸易经由结构调整对劳动收入份额变动的影响，就必须将企业动态变动的不同部分对劳动收入份额变动的贡献估算出来，以便估计贸易对不同部分的影响。这就需要我们将劳动收入份额进行对应分解，使得劳动收入份额的变动能体现企业进入、退出等变动的影响。

一　分解的思路与方法

要想在劳动收入份额变动中体现企业进入、退出等方面的影响，很自然地，需要考虑连续的两个时期，以便将进入企业、在位企业和退出企业的劳动收入份额及其权重变化，纳入到劳动收入份额变动的恒等定义式中。为此，我们将 t 期总的劳动收入份额（F_t）表示为：$F_t = \dfrac{\sum_i w_{it}}{\sum_i v_{it}} = \sum_i \dfrac{v_{it}}{v_t} \dfrac{w_{it}}{v_{it}}$，其中 i 表示企业，w 表示劳动者的工资，v 表示增加值。t 期的企业可以划分为两类，第一类是 $t-1$ 期、t 期都在位的企业（以 C 表示），第二类是 t 期才进入的企业（以 E 表示）。那么 t 期总的劳动收入份额（F_t）就可以更细致地表示为：

$$F_t = \sum_{i \in C} \frac{v_{it}}{v_t} \frac{w_{it}}{v_{it}} + \sum_{j \in E} \frac{v_{jt}}{v_t} \frac{w_{jt}}{v_{jt}}$$

$$\Leftrightarrow F_t = \frac{\sum_{i \in C} v_{it}}{v_t} \frac{\sum_{i \in C} w_{it}}{\sum_{i \in C} v_{it}} + \frac{\sum_{j \in E} v_{jt}}{v_t} \frac{\sum_{j \in E} w_{jt}}{\sum_{j \in E} v_{jt}}$$

$$\Leftrightarrow F_t = \left(1 - \frac{\sum_{j \in E} v_{jt}}{v_t} \right) \frac{\sum_{i \in C} w_{it}}{\sum_{i \in C} v_{it}} + \frac{\sum_{j \in E} v_{jt}}{v_t} \frac{\sum_{j \in E} w_{jt}}{\sum_{j \in E} v_{jt}}$$

$$\Leftrightarrow F_t = \frac{\sum_{i \in C} w_{it}}{\sum_{i \in C} v_{it}} + \frac{\sum_{j \in E} v_{jt}}{v_t}\left(\frac{\sum_{j \in E} w_{jt}}{\sum_{j \in E} v_{jt}} - \frac{\sum_{i \in C} w_{it}}{\sum_{i \in C} v_{it}}\right)$$

同理，由于 $t-1$ 期的企业可以划分为在位企业和退出企业（以 D 表示）两类，我们可以将 $t-1$ 期的劳动收入份额（F_{t-1}）更细致地表示为：$F_{t-1} = \frac{\sum_i w_{it-1}}{\sum_i v_{it-1}} = \sum_i \frac{v_{it-1}}{v_{t-1}} \frac{w_{it-1}}{v_{it-1}}$，因此可得到：

$$F_{t-1} = \sum_{i \in C} \frac{v_{it-1}}{v_{t-1}} \frac{w_{it-1}}{v_{it-1}} + \sum_{k \in D} \frac{v_{kt-1}}{v_{t-1}} \frac{w_{kt-1}}{v_{kt-1}}$$

$$\Leftrightarrow F_{t-1} = \frac{\sum_{i \in C} v_{it-1}}{v_{t-1}} \frac{\sum_{i \in C} w_{it-1}}{\sum_{i \in C} v_{it-1}} + \frac{\sum_{k \in D} v_{kt-1}}{v_{t-1}} \frac{\sum_{k \in D} w_{kt-1}}{\sum_{k \in D} v_{kt-1}}$$

$$\Leftrightarrow F_{t-1} = \left(1 - \frac{\sum_{k \in D} v_{kt-1}}{v_{t-1}}\right) \frac{\sum_{i \in C} w_{it-1}}{\sum_{i \in C} v_{it-1}} + \frac{\sum_{k \in D} v_{kt-1}}{v_{t-1}}$$

$$\frac{\sum_{k \in D} w_{kt-1}}{\sum_{k \in D} v_{kt-1}}$$

$$\Leftrightarrow F_{t-1} = \frac{\sum_{i \in C} w_{it-1}}{\sum_{i \in C} v_{it-1}} - \frac{\sum_{k \in D} v_{kt-1}}{v_{t-1}} \frac{\sum_{i \in C} w_{it-1}}{\sum_{i \in C} v_{it-1}}$$

$$+ \frac{\sum_{k \in D} v_{kt-1}}{v_{t-1}} \frac{\sum_{k \in D} w_{kt-1}}{\sum_{k \in D} v_{kt-1}}$$

$$\Leftrightarrow F_{t-1} = \frac{\sum_{i \in C} w_{it-1}}{\sum_{i \in C} v_{it-1}} +$$

$$\frac{\sum_{k \in D} v_{kt-1}}{v_{t-1}}\left(\frac{\sum_{k \in D} w_{kt-1}}{\sum_{k \in D} v_{kt-1}} - \frac{\sum_{i \in C} w_{it-1}}{\sum_{i \in C} v_{it-1}}\right)$$

因此，劳动收入份额的绝对变动（$F_t - F_{t-1}$），可以通过结合上面 F_t 和 F_{t-1} 的表达式来表示，即：

$$F_t - F_{t-1} = \frac{\sum_{i \in C} w_{it}}{\sum_{i \in C} v_{it}} + \frac{\sum_{j \in E} v_{jt}}{v_t} \left(\frac{\sum_{j \in E} w_{jt}}{\sum_{j \in E} v_{jt}} - \frac{\sum_{i \in C} w_{it}}{\sum_{i \in C} v_{it}} \right)$$

$$- \frac{\sum_{i \in C} w_{it-1}}{\sum_{i \in C} v_{it-1}} - \frac{\sum_{k \in D} v_{kt-1}}{v_{t-1}} \left(\frac{\sum_{k \in D} w_{kt-1}}{\sum_{k \in D} v_{kt-1}} - \frac{\sum_{i \in C} w_{it-1}}{\sum_{i \in C} v_{it-1}} \right)$$

由于 t 期与 $t-1$ 期劳动收入份额变动的公式表述得非常复杂，所以我们采用如下较为简化的表述方式：

$$F_t - F_{t-1} = F_t^C - F_{t-1}^C + S_t^E(F_t^E - F_t^C) - S_{t-1}^D(F_{t-1}^D - F_{t-1}^C)$$

其中，$S_t^E = \dfrac{\sum_{j \in E} v_{jt}}{v_t}$，$F_t^E = \dfrac{\sum_{j \in E} w_{jt}}{\sum_{j \in E} v_{jt}}$，$F_t^C = \dfrac{\sum_{i \in C} w_{it}}{\sum_{i \in C} v_{it}}$ $S_{t-1}^D =$

$\dfrac{\sum_{k \in D} v_{kt-1}}{v_{t-1}}$，$F_{t-1}^D = \dfrac{\sum_{k \in D} w_{kt-1}}{\sum_{k \in D} v_{kt-1}}$，$F_{t-1}^C = \dfrac{\sum_{i \in C} w_{it-1}}{\sum_{i \in C} v_{it-1}}$。

上式表明，总的劳动收入份额的变动，可以初步表示为在位企业效应（ $F_t^C - F_{t-1}^C$ ）、进入效应 $[S_t^E(F_t^E - F_t^C)]$ 和退出效应 $[-S_{t-1}^D(F_{t-1}^D - F_{t-1}^C)]$ 之和。不过，为了体现在位企业内劳动收入份额变动和企业间增加值比重变动的影响，还需要对（ $F_t^C - F_{t-1}^C$ ）进行更细致的处理。由 $F_t^C - F_{t-1}^C = \dfrac{\sum_{i \in C} w_{it}}{\sum_{i \in C} v_{it}} - \dfrac{\sum_{i \in C} w_{it-1}}{\sum_{i \in C} v_{it-1}}$ 可得：

$$F_t^C - F_{t-1}^C = 0.5 \sum_{i \in C} \left(\frac{v_{it}}{\sum_{i \in C} v_{it}} + \frac{v_{it-1}}{\sum_{i \in C} v_{it-1}} \right)$$

$$\left(\frac{w_{it}}{v_{it}} - \frac{w_{it-1}}{v_{it-1}} \right) + 0.5 \sum_{i \in C}$$

$$\left(\frac{v_{it}}{\sum_{i \in C} v_{it}} - \frac{v_{it-1}}{\sum_{i \in C} v_{it-1}} \right) \left(\frac{w_{it}}{v_{it}} + \frac{w_{it-1}}{v_{it-1}} \right)$$

仍然采用简化表述的方式，将 $F_t - F_{t-1}$ 简单表示为：

$$F_t - F_{t-1} = \sum_{i \in C} \overline{s_i}(f_{it} - f_{it-1}) + \sum_{i \in C} \overline{f_i}(s_{it} - s_{it-1}) + S_t^E(F_t^E - F_t^C) - S_{t-1}^D(F_{t-1}^D - F_{t-1}^C)$$

其中，$f_{it} = \dfrac{w_{it}}{v_{it}}$，$\dfrac{w_{it-1}}{v_{it-1}}$，$\overline{f_i} = 0.5(f_{it} + f_{it-1})$，$s_{it} = \dfrac{v_{it}}{\sum\limits_{i \in C} v_{it}}$，$s_{it-1} =$

$\dfrac{v_{it-1}}{\sum\limits_{i \in C} v_{it-1}}$，$\overline{s_i} = (s_{it} - s_{it-1})$。

因此，最后我们可以将劳动收入份额的变化率表示为：

$$\frac{F_t - F_{t-1}}{\overline{F}} = \frac{\sum_{i \in C} \overline{s_i}(f_{it} - f_{it-1})}{\overline{F}} + \frac{\sum_{i \in C} \overline{f_i}(s_{it} - s_{it-1})}{\overline{F}} +$$

$$\frac{S_t^E(F_t^E - F_t^C)}{\overline{F}} - \frac{S_{t-1}^D(F_{t-1}^D - F_{t-1}^C)}{\overline{F}}$$

在结构变动（$\dfrac{F_t - F_{t-1}}{\overline{F}}$）的不同组成部分里面，

$\dfrac{\sum_{i \in C} \overline{f_i}(s_{it} - s_{it-1})}{\overline{F}}$ 表示在位企业增加值比重变动对劳动收入份额

增长率的影响，当低劳动收入份额企业增加值比重上升时，其对

劳动收入份额增长率的贡献为负；$\dfrac{\sum_{i \in C} \overline{s_i}(f_{it} - f_{it-1})}{\overline{F}}$ 表示在位企

业内部劳动收入份额变动对总的劳动收入份额增长率的贡献，当

企业内部劳动收入份额下降时，其对整体劳动收入份额增长率的

贡献为负；$\dfrac{S_t^E(F_t^E - F_t^C)}{\overline{F}}$ 表示新进入企业对劳动收入份额变动的贡

献，当新进入企业的平均劳动收入份额高于在位企业的平均劳动

收入份额时为正，其贡献的幅度取决于新进入企业增加值在总体

增加值中所占的比重；$-\dfrac{S_{t-1}^D(F_{t-1}^D - F_{t-1}^C)}{\overline{F}}$ 表示退出企业对劳动收

入份额变动的贡献，在退出企业的平均劳动收入份额高于在位企

业的平均劳动收入份额时为负，其贡献的幅度同样取决于退出企

业增加值所占的比重。

二 劳动收入份额及组成部分的变动特征

整体来看，增加值效应所占比重呈先减后增态势，内部份额效应所占比重呈先增后减态势，同时进入效应和退出效应的贡献明显减少；而且，微观企业层次的劳动收入份额变动幅度明显高于宏观国家层次。由于各个部分变动的幅度、方向存在较大差异，此处同时提供中国国有工业企业劳动收入份额变动成分及比重的图和表。图4—7中表示劳动收入份额变动的折线（右轴）显示，尽管1998—2007年，国有工业企业劳动收入份额呈下降趋势，但不同时间段变动的方向并不相同。其中，1998年中国国有工业企业平均的劳动收入占比最高，为0.319；2007年最低，为0.168。但在2000—2001年、2001—2002年、2004—2005年、2005—2006年四个时间段，国有工业企业劳动收入份额略有上涨。

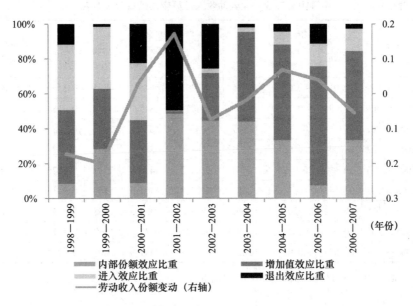

图4—7 中国国有工业企业劳动收入份额变动及成分

资料来源：笔者根据中国工业企业数据库计算。

从国有企业劳动收入份额变动的四个部分来看，正如上节所分析的，加入 WTO 前后两个时间段呈现不同的特征，主要是起决定作用的部分关键因素发生了变化。首先，在中国加入 WTO 的年份，即 2001—2002 年，中国国有工业企业的劳动收入份额相比上一年度略有上升，对此起决定作用的几乎只是退出效应和份额变动效应，两者合计达到 98.0%。其中企业内部劳动收入份额变动的符号表明本年度国有工业企业内部的劳动收入份额出现上升，但劳动收入份额较高的企业，其增加值的比重出现了非常小幅度的下降；同时，本年度退出企业的平均劳动收入份额大多低于在位企业的平均劳动收入份额，而新进入企业的平均劳动收入份额大多高于在位企业的平均劳动收入份额，不过由于新进入企业的增加值在总增加值中所占的比重非常小，因而其影响远远小于退出效应。

表 4—2   中国国有工业企业劳动收入份额变动的成分及比重

年份	内部份额效应	增加值变动效应	进入效应	退出效应	内部份额效应比重	增加值变动效应比重	进入效应比重	退出效应比重
1998—1999	−0.0145	−0.0731	−0.0651	−0.0202	0.0841	0.4225	0.3765	0.1169
1999—2000	0.1296	−0.1588	−0.1632	−0.0071	0.2825	0.3462	0.3558	0.0155
2000—2001	−0.0154	0.0635	−0.0571	0.0394	0.0876	0.3622	0.3256	0.2245
2001—2002	0.0864	−0.0031	0.0005	0.0883	0.4848	0.0171	0.0026	0.4955
2002—2003	−0.0808	0.0495	0.0041	−0.0472	0.4450	0.2727	0.0224	0.2599
2003—2004	0.1143	−0.1340	0.0062	−0.0052	0.4402	0.5160	0.0239	0.0199
2004—2005	−0.1227	0.2020	−0.0272	0.0162	0.3332	0.5488	0.0740	0.0441
2005—2006	−0.0079	0.0734	−0.0141	−0.0121	0.0737	0.6827	0.1311	0.1125
2006—2007	0.0555	−0.0850	−0.0214	−0.0045	0.3337	0.5108	0.1286	0.0269

资料来源：笔者根据中国工业企业数据库计算。

其次，在 2001—2002 年前，对劳动收入份额变动起绝对作用的是企业增加值变动效应和进入效应，两者合计在 1998—1999年、1999—2000 年、2000—2001 年分别达到 79.9%、70.2%、

68.78%；企业增加值变动效应的符号说明，前两个变化时间段，较高劳动收入份额的企业，其增加值在总增加值中所占的比重越来越小，但2000—2001年，增加值变动效应的符号说明，在这个时间段，较高劳动收入份额的企业，其增加值在总增加值中所占的比重略有增加；而进入效应的符号说明，新进入的企业，其劳动收入份额大多较低。另外，需要注意的是1999—2000年间，企业内部劳动收入份额变动对平均劳动收入份额变动贡献的符号，说明企业内部劳动收入份额具有一定程度的上升，但是其绝对数量低于企业增加值变动效应和进入效应，而且与企业增加值变动效应、进入效应、退出效应部分的符号相反。

再次，在2001—2002年这一时间段后，除2002—2003年、2005—2006年外，对平均劳动收入份额变动起绝对作用的成分，改变为企业增加值变动效应和内部份额变动效应，两者合计在2003—2004年、2004—2005年、2006—2007年三个时间段分别为95.62%、88.2%、84.45%。从符号上来看，除进入效应外，2003—2004年与2006—2007年基本类似，企业内部劳动收入份额略有上升，对变动的贡献为正；但劳动收入份额较高企业在增加值中所占的比重却在下降，对变动的贡献为负；退出企业的劳动收入份额普遍高于在位企业，对平均劳动收入份额的影响为负。但是，2003—2004年与2004—2005年恰好完全相反，考虑到该年是经济普查年，其结果可能存在一定的误差。

最后，在2002—2003年、2005—2006年两个时间段，对平均劳动收入份额起决定作用的成分，除内部份额效应、增加值变动效应外，还包括进入效应和退出效应。其中，2002—2003年，内部份额效应、增加值变动效应、退出效应的贡献分别达到44.5%、27.27%、25.99%，合计约为97.8%；而2005—2006年，增加值变动效应、进入效应、退出效应的贡献分别为68.27%、13.11%、11.25%，合计约为92.7%。但是，在2002—2003年，内部份额效应、退出效应与增加值变动效应和进入效应的方向相反；而且，由于内部份额效应和退出效应合计超过了增加值变动效应和进入效应合计，导致该年度平均劳动收入份额下降。2005—2006 年，增加值变动效应与内部份额效应、进入效应、退出效应的方向相反，而且，增加值变动效应比重还远远大于内部份额效应、进入效应和退出效应的合计，导致该年度平均劳动收入份额小幅上升。

第三节　贸易对劳动收入份额不同部分的影响

正如文献综述部分所提出的，自 20 世纪 80 年代以来，大多数发达国家，尤其是欧盟国家，以及部分发展中国家，都出现了不同程度劳动收入份额下降的经济事实。由于涉及劳动者福利，因而这一现象也引起了学术界对于功能性收入分配的普遍关注。其中，因为相关研究的结论相互之间存在明显的矛盾，对外贸易作为影响劳动收入份额的因素之一，引发了越来越激烈的讨论。如 Ortega 和 Rodriguez（2001）通过对 176 个国家 1960—1999 年面板数据的分析，认为不论是高收入国家还是低收入国家，贸易自由化都导致了劳动收入份额的恶化。而姜磊、张媛（2008）基于 1996—2006 年中国的省际面板数据，认为对外贸易显著地促进了劳动收入份额的提高，持有相同观点的还有罗长远、张军（2009）、Huang 等（2011）、Kamal 等（2012）。

虽然这些研究结论之间的矛盾，很可能是来源于样本、时间、制度和技术等诸多方面的影响（Bush et al.，2008），但不可忽视的是，现有研究大多忽略了从结构角度去研究贸易对劳动收入份额不同组成部分的影响，特别是在劳动收入份额不同组成部分具有不同变动方向，从而效应相互抵消的情况下，这也许是现有研究结论之间矛盾的重要原因之一。本节拟利用中国宏观和微观层次的数据，深入分析贸易对劳动收入份额变动不同部分的影响。同时，利用单一国家的数据，可以很好地克服因样本差异导致的、不同来源数据可比性较差的问题。还有一个优点就是，可以很好地控制技术、制度等方面存在的差异。

一　计量方程的设定

为了分析贸易对平均劳动收入份额不同成分的影响，在借鉴已有理论和实证文献的基础上，本小节将回归方程设为：

$$S_L^x = \beta_0 + \beta_1 TRA + \beta Z + \varepsilon$$

其中，S_L^x 表示劳动收入份额变动率中的第 x 种成分，TRA 表示贸易开放度变化率，Z 表示控制变量变化率向量，β 为其系数矩阵，ε 为误差项。

本小节核心变量是劳动收入份额和对外贸易，其中的劳动收入份额，来自中国工业企业数据库中，各个企业本年应付工资总额、本年应付福利费总额的和除以其工业增加值，不同组成部分的计算结果直接来自本章第二节的程序。而中国的贸易开放度，本处利用对外贸易依存度衡量，在此基础上，从两个角度进行实证检验：首先，与以往研究相一致，基于总的贸易依存度，分析贸易开放对劳动收入份额不同组成部分的影响；其次，用出口依存度和进口依存度替代外贸依存度，在分析出口和进口对劳动收入份额不同成分影响差异的同时，为贸易依存度的影响提供稳健性检验。

文献综述部分提到，除对外贸易外，还有很多影响劳动收入份额的因素，在实证的过程中，忽略它们可能会导致遗漏变量偏误，因此，本小节将它们作为控制变量处理。首先，文献综述部分在推导劳动收入份额表达式时，曾简单地提到劳动收入份额是劳动产出弹性的函数，而劳动产出弹性又是人均 GDP 的函数。采用具体形式的生产函数可以很清楚地看出这一关系，如 CES 函数，即：$F(K,L) = [\theta K^{\frac{\sigma-1}{\sigma}} + (1-\theta) L^{\frac{\sigma-1}{\sigma}}]^{\frac{\sigma}{\sigma-1}}$，可以得到劳动产出弹性的表达式，即 $\pi = (1-\theta) \left(\dfrac{Y}{L}\right)^{\frac{1-\sigma}{\sigma}}$。按李稻葵等（2009）的逻辑，劳动收入份额与人均 GDP 之间存在"U 形"曲线的关系，随着经济发展水平的提升，劳动收入份额表现出先下降后上升的关系，而中国目前的经济发展水平正好对应劳动收入份额下降的阶段。但是中国国有工业企业的劳动收入份额是否也符合这一判断呢？

其次，Bentolia 和 Saint－Paul（2003）提出了 SK 曲线，指出在市场完全竞争、生产函数规模报酬不变、要素与劳动扩张型技术进步相互替代的前提下，劳动收入份额与资本产出比（K/Y）之间的对应关系，当一国固定资产投资相对 GDP 的比率较高的时候，一般也是资本投资回报率比较高的阶段，即劳动收入比重比较低的阶段。与此相同，本小节以资本产出比（K/Y）为基础控制变量，以检验中国对外贸易与国有工业企业劳动收入份额变动不同构成部分之间的关系。

再次，Rodrik（1997）指出，全球化导致资本流动性增强，资本账户的开放恶化了劳动收入份额，因为资本的流动性增强，重置成本下降，更具有谈判能力了。Jayadev（2007）也提出，资本流动性总体上不利于劳动收入份额增长。但对中国的国有工业企业而言，这一逻辑可能并不一定合理，因为一方面，中国存在非常严格的资本项目管制；另一方面，FDI 会在产品市场和要素市场与国有工业企业产生激烈竞争，导致国有工业企业产品价格的下降和生产要素支出的上升，进而促使其劳动收入份额提升。为控制外资的影响，本章选择 FDI 作为控制变量，不过 Harrison（2005）曾指出，FDI 的流量数据在实证检验中会产生内生性问题。鉴于此，本处引入 FDI 存量（以 1998 年为基期）占 GDP 的比重控制资本流动性。

最后，政府政策可以对经济产生直接的干预作用，从而对劳动收入份额产生影响，一般认为政府支出对劳动收入份额有着积极的作用。Harrison（2005）、IMF（2007）在研究全球化对劳动份额的影响时，引入政府支出占 GDP 的比重作为控制变量，本处沿用。

二　变量测度及数据来源

劳动收入份额指劳动者报酬占 GDP 的比重，按收入法核算的 GDP 包括劳动者报酬、固定资产折旧、生产税净额和营业盈余四个部分。但从微观企业的角度，上文提到，本节的劳动收入份额来自中国工业企业数据库（1998—2007 年），利用各个企业本年应付工资总额、本年应付福利费总额之和除以其工业增加值，劳动收入份额变动不同组成部分的计算结果直接来自本章第二节的处理。中国的贸易开放度，本处利用对外贸易依存度衡量。对外贸易额（出口额、进口额）和 GDP 均来源于《中国统计数据应用支持系统 V2.01》里"年度数据"板块中的"宏观全国"部分。政府支出、人均 GDP、人均 GDP 折算指数、实际利用外商直接投资等，同样来源于《中国统计数据应用支持系统 V2.01》里"年度数据"板块中的"宏观全国"部分，美元兑人民币的年平均汇率则来源于 Wind 数据库的"中国宏观数据库"板块中的"利率汇率"部分。

资本存量的估算可能复杂一些，不同研究之间存在较大的差异，总结起来，差异基本源自三个方面，第一是资本存量核算基期的决定，第二是不同年份折旧率的确定，第三是固定资产投资价格指数的选择（张军等，2004）。不过对本节来说，由于中国工业企业数据库的起始年份是 1998 年，因此基期的选择就不需要太多考虑；同时，由于《中国统计年鉴》从 1990 年起已经开始公布固定资产投资价格指数，因此本节直接利用统计年鉴中 1990—2007 年的固定资产投资价格指数，并将该价格指数折算为以 1998 年为基期。关于折旧率，目前最为常用的做法是选取 5% 或 10%，但也有研究利用官方公布的名义折旧率加上经济增长率作为最后的折旧率，如宋海岩（2003）。不过，高凌云和程敏（2009）在分别利用这三种折旧率进行测算后，发现其对资本存量的核算结果影响并不明显。因此，本节根据张军等（2004）指出的，衡量当年投资的合理指标应当是全社会固定资本形成总额，对其采用10%的折旧率，并依据永续盘存法计算资本存量，即：$K_t = (1-\delta) K_{t-1} + I$，其中$K_t$表示$t$期的资本存量，$I$表示当年全社会固定资本投资形成额，$\delta$表示资本存量的折旧率，$t$表示时间。另外，1998年的固定资本存量（46223亿元）直接取自张军等（2004）。同理，实际利用外商直接投资存量的测度也是采用永续盘存法，取10%的折旧率。不过，为了计算1998年我国外商直接投资存量，我们从开始有外商直接投资统计的1984年开始运用永续盘存法。

最后，需要注意的问题还有，名义政府支出规模与实际政府支出规模之间的差别（高凌云和毛日昇，2011）。名义政府支出与名义GDP的比值称为名义政府支出规模，而实际政府支出与实际GDP的比值则被称为实际政府支出规模。名义政府支出规模通常不需要进行不变价折算，直接采用政府支出或政府消费占GDP比重的方式度量政府支出规模，即名义政府支出规模 $= \dfrac{\text{名义政府支出}}{\text{GDP 折算指数}} \Big/ \dfrac{\text{名义 GDP}}{\text{GDP 折算指数}}$。但是，Berry和Lowery（1983）曾提出，为了剔除价格的影响，必须对GDP与政府支出采用不同的价格折算指数。因此，本节采用实际政府支出规模，公式为：实际政府支出规模 $= \dfrac{\text{名义政府支出}}{\text{政府支出折算指数}} \Big/ \dfrac{\text{名义 GDP}}{\text{GDP 折算指数}}$，政府支出折算指数来自高凌云和毛日昇（2011）。

三　计量结果及说明

为了与因变量相互对应，此处所有的自变量都进行了类似劳动收入份额的处理。另外，因为 $\dfrac{F_t - F_{t-1}}{\bar{F}} \approx \log F_t - \log F_{t-1}$，对变量先取对数而后差分可以保证变量的平稳性，从而避免时间序列回归中可能存在的伪回归问题。下面从三个方面对本小节的实证结果进行解释和说明。

　　首先，正如事先所预计的，现有研究大多忽略了从结构角度去研究贸易开放对劳动收入份额不同组成部分的影响，特别是在劳动收入份额不同组成部分具有不同变动方向，从而效应相互抵消的情况下。表4—3显示，第一，在设定（1—1）、（2—1）、（3—1）中，至少在10%的置信水平下，对外贸易变动对劳动收入份额变动的影响均不显著。事实上，在相同的置信水平，其他控制变量，如人均GDP、资本产出比、FDI、政府支出等，对整体劳动收入份额变动的影响同样不显著。第二，对外贸易依存度对劳动收入份额变动不同组成部分的影响，在显著程度和方向上存在非常大的差异。设定（1—2）中，在5%的置信水平下，贸易变动对内部份额效应具有显著的正向影响，贸易开放程度提升一个单位的标准差，会使得国有工业企业的内部份额效应增加0.0609；但是，设定（1—3）表明，同样是在5%的置信水平下，贸易变动对增加值效应具有显著的负向影响，贸易程度一个单位标准差的提升，会导致国有工业企业的增加值效应下降0.0686；而设定（1—4）中，在1%的置信水平下，贸易变动对进入效应同样具有显著的不利影响，但其幅度明显小于内部份额效应和增加值效应，一单位标准差的变动，只会导致进入效应下降0.0168。

　　其次，与贸易依存度类似，出口依存度、进口依存度的变动对劳动收入份额整体变动的影响为负，但不显著。由表4—3的设定（2—1）—（2—5）和（3—1）—（3—5）可知，第一，贸易依存度、出口依存度、进口依存度对劳动收入份额整体变动的不利影响，均是来自对内部份额效应和退出效应正向影响、对增加值效应和进入效应负向影响的综合权衡。说明对外贸易程度的提升，无论是出口还是进口，一方面提高了中国国有工业企业内部的劳动收入份额，同时并不必然导致平均劳动收入份额高于在位企业平均劳动收入份额的企业退出；但另一方面，对外贸易程度的提升又显著地降低了平均劳动收入份额较高企业的增加值比重，而且导致了更多低于平均劳动收入份额的国有工业企业进入。第二，进口依存度的变动，对劳动收入份额变动不同部分的影响方式，与贸易依存度变动的影响基本类似，但出口依存度变动的影响与它们略有差别。出口依存度仅在设定（2—4）中，在1%的置信水平下对进入效应有显著的负向作用。

最后，从控制变量的角度，表4—3显示，无论是采用贸易依存度，还是进口或出口依存度，第一，以人均GDP表示的经济发展水平，对中国国有工业企业劳动收入份额变动的影响为负，尽管在10%的置信水平下并不显著，但仍能从侧面反映出，中国目前的经济发展水平可能正好对应劳动收入份额下降的阶段；而且这一负向影响，可能更多的是来自人均GDP对进入效应的作用，设定（2—4）中人均GDP的系数表明，人均GDP变动增加一个标准差（0.0097），会导致进入效应下降0.0291。第二，资本产出比对中国国有工业企业劳动收入份额变动的影响，符合Bentolia 和 Saint – Paul（2003）的判断，即固定资产投资相对GDP比率增加的时候，一般也是资本投资回报率提高、劳动收入比重下降的阶段。第三，FDI对中国国有工业企业劳动收入份额变动的影响，并不同于Rodrik（1997）提出的，资本的流动性增强导致谈判能力增强；设定（1—4）—（1—5）、（2—4）—（2—5）、（3—4）—（3—5）都显示，至少在10%的置信水平下，由FDI带来的产品市场和要素市场的竞争压力，通过进入效应和退出效应，促进了国有工业企业劳动收入份额的提升。第四，政府支出对国有工业企业劳动收入份额变动的影响基本符合我们的预期，但值得注意的是，由设定（1—4）、（2—4）、（3—4），尽管政府支出总体上有利于劳动收入份额的增加，但却不利于劳动收入份额较高国有企业的进入。

表4—3

对外贸易影响中国国有工业企业劳动收入份额变动的实证结果

	(1—1)	(1—2)	(1—3)	(1—4)	(1—5)	(2—1)	(2—2)	(2—3)	(2—4)	(2—5)	(3—1)	(3—2)	(3—3)	(3—4)	(3—5)
tra	-0.2364 (0.2805)	0.7313** (0.1771)	-0.8244** (0.2209)	-0.2021*** (0.0152)	0.0587 (0.0748)										
exp						-0.1024 (0.3409)	0.5769 (0.3393)	-0.5596 (0.4779)	-0.2067** (0.0178)	0.0870 (0.0852)					
imp											-0.3437 (0.3089)	0.8252* (0.2745)	-10.0137* (0.3933)	-0.1848* (0.0172)	0.0295 (0.0808)
agdp	-30.8710 (30.6473)	-10.7023 (20.4066)	10.8161 (30.8921)	-20.8314 (0.1306)	-10.1532 (10.0235)	-40.5420 (30.3103)	-0.5117 (30.2145)	0.1654 (40.5827)	-20.9998*** (0.1503)	-10.1958 (0.9011)	-30.0809 (40.2506)	-20.8928 (20.3756)	30.5973 (40.3779)	-20.730* (0.1333)	-10.0553 (10.208)
K/Y	-0.9201 (10.0030)	-10.0753 (0.7550)	0.5861 (10.1553)	0.0811* (0.0298)	-0.5121 (0.2971)	-10.1182 (0.8997)	-0.6717 (0.9422)	0.0582 (10.3102)	0.0076 (0.0371)	-0.5123 (0.2621)	-0.6402 (10.1683)	-10.5528* (0.6099)	10.2605* (10.0973)	0.1426* (0.0316)	-0.4905 (0.3517)
fdi	10.0259 (0.5215)	10.0117 (0.2429)	0.2855 (0.3546)	0.3067*** (0.0270)	0.4217* (0.1375)	10.0126 (0.5316)	0.0480 (0.2800)	0.2429 (0.4026)	0.2975*** (0.0314)	0.4239* (0.1371)	10.0506 (0.5197)	-0.0371 (0.2504)	0.3504 (0.3732)	0.3152* (0.0238)	0.4221* (0.1399)
gov	0.5788 (10.7919)	20.4131 (10.6657)	-10.8327 (20.1855)	-10.0568 (0.0547)	10.0553 (0.5753)	0.9247 (10.5934)	10.8309 (20.0296)	-10.0064 (20.5421)	-0.9844*** (0.0686)	10.0347 (0.5179)	0.1788 (20.0325)	30.0009 (10.4421)	-20.7231 (20.0384)	-10.101* (0.0550)	10.0021 (0.6508)
cons	0.2171 (0.1068)	0.0130 (0.0720)	0.0678 (0.1236)	0.0664*** (0.0039)	0.0697* (0.0282)	0.2227 (0.1023)	-0.0101 (0.0802)	0.0919 (0.1302)	0.0739*** (0.0046)	0.0670* (0.0259)	0.2012 (0.1182)	0.0488 (0.0572)	0.0227 (0.1149)	0.0590* (0.0044)	0.0705 (0.0328)
F统计量p值	0.0008	0.0310	0.0318	0.0000	0.0171	0.0517	0.3053	0.4356	0.0000	0.0673	0.0204	0.0374	0.1735	0.0000	0.0084
R^2	0.7589	0.3501	0.3171	0.9977	0.8234	0.7470	0.2459	0.2156	0.9974	0.8322	0.7790	0.4616	0.4448	0.9948	0.8176

注：*、**、***分别表示10%、5%、1%的显著性水平；括号内稳健标准误差。

第四节   小结

对外贸易程度的加深，对劳动收入份额变动会产生正向还是负向的？针对不同国家地区和时间段的研究存在较大的差别，有些结论甚至相互矛盾。本章认为，这些差异的产生，很大程度上是因为现有研究大多忽略了从结构角度去研究贸易开放对劳动收入份额不同组成部分的影响，特别是在劳动收入份额不同组成部分具有不同变动方向，从而效应相互抵消的情况下。

事实上，改革开放以来，随着对外贸易开放程度的深化，特别是加入世界贸易组织（WTO），无论是从宏观表象还是从背后的微观机制，我国的经济结构均发生了大规模的调整，而这种结构变动自然会反映在劳动收入份额的变动之中。通过将劳动收入份额变动分解为能充分反映企业动态变动的内部劳动份额效应、增加值效应、进入效应和退出效应后，利用中国工业企业数据库，本章发现，整体来看，中国国有工业企业劳动收入份额变动中，增加值效应所占比重略有上升，内部份额效应所占比重有所下降，同时进入效应和退出效应的贡献明显减少。

本章的实证研究进一步验证了之前的判断，贸易依存度（包括出口或进口依存度）的变动，对劳动收入份额不同组成部分的变动方向存在较大差异。因此，对外贸易对劳动收入份额整体变动的不利影响，是来自对内部份额效应和退出效应正向影响、对增加值效应和进入效应负向影响的综合权衡。

第五章 对外贸易、租金分享与中国劳动收入份额

Heckscher – Ohlin – Samuelson（以下简称 HOS）理论指出，商品相对价格的差异是国际贸易的基础，随着对外贸易的开展，某种商品世界相对价格，将位于贸易伙伴国国内相对价格之间。这样，对于贸易伙伴国而言，对外贸易将导致该商品在一国国内相对价格下降，另一国国内相对价格上升。继而，商品相对价格的变化，导致生产该商品的要素相对价格改变。可是，大量将产品相对价格变化与要素相对价格变化联系在一起的文献研究发现，对外贸易对要素相对价格变化的解释力并不强，因此，很多文献都对 HOS 理论结论提出了诸多质疑。

这些质疑文献的共同点在于，全面继承 HOS 理论关于劳动市场的假设条件，假设劳动市场完全竞争，劳动力供给弹性无穷大。劳动力要素价格等于且只等于劳动力要素的边际产品收入，即 $W_L = MP_L \times MR$。因此，对于企业而言，劳动者报酬由外生变量决定，企业只是劳动力价格的既定接受者；对于劳动者而言，其所能获得的收入只取决于劳动力要素的边际产品收益，与企业利润无关，劳动者不具有任何分享企业利润的权利和能力。

这种完全忽视劳动力获得其他收入可能性的假设，意味着无论劳动者是在利润高的企业抑或在利润低的企业，其报酬应该是大致相等的。然而，事实却并非如此。很多学者就曾指出完全竞争模型无法解释不同产业劳动者报酬的异质性问题，劳动者报酬

和企业利润是紧密相连的，劳动者获得的实际收入不仅包括劳动边际产品收益，而且还包含分享的企业租金收入（Katz，1993；Vandenbussche et al.，2001；Brock & Dobbelaere，2006）。

由此可以判断，劳动收入份额不仅包括劳动者通过劳动边际产品收益获得的份额，还包含劳动者分享企业租金所占有的份额。同时，大量实证研究文献也证明了，由于摩擦性失业的存在，企业在一定程度上无法立即填补职位空缺，需要保留一定的职工人数，为确保职工的稳定性，企业不仅按照边际产品收入提供劳动者酬劳，也充分给予劳动者利润分享的空间。因此，租金分享机制在企业和劳动者之间的存在性，确保了租金分享份额是劳动收入份额的一个重要组成部分，不可忽视。

本章主要在租金分享框架下，分析对外贸易通过租金分享机制对中国劳动收入份额产生的影响。后续安排如下：第一节构建劳动者租金分享与劳动收入份额之间的理论模型；第二节分析对外贸易通过间接途径和直接途径，对劳动者租金分享能力的影响；通过第一节理论模型建立的劳动收入构成，第三节具体测算了中国劳动者租金分享能力；① 继而，估算得出的劳动者租金分享能力，第四节就对外贸易对中国劳动者租金分享能力进行实证检验。最后是本章的小结。

第一节　租金分享与劳动收入份额理论模型

在租金分享模型中，劳动者可以与企业分享租金收入。所谓租金收入，即企业若按照投入要素的边际产品价值或要素的替代收入给予要素报酬时，将获得的利润收入。与一般会计利润归企

---

① Bughin（1993，1996）证明了劳动者的租金分享能力可以通过生产函数进行估计，为在租金分享框架下，测算劳动者租金分享能力奠定了理论基础。

业所有的观念不同，这部分租金收入由劳动者和其他要素共同所有。因此，在此框架下，根据收入性质的不同，劳动收入份额可以分解为两个部分：其一是竞争性收入所占份额，即根据劳动要素的边际产品价值所确定的收入份额。其二是租金收入所占份额，即依据劳动要素的租金分享能力而确定的收入份额。

其实，众多学者在研究中通过引入有效谈判模型，早已证实了劳动者收入与劳动边际产品收益并不等价的事实，并提出劳动者不仅可以获得竞争性收入，还可以分享租金收入的结论。甚至于在第二章介绍 SK 曲线时，Bentolia 和 Saint – Paul（2003）还特地强调了劳动者租金分享能力的存在，会导致劳动收入份额偏离 SK 曲线。由此可见，忽视租金分享，可能会导致对劳动收入份额认识的偏差。

本节建立在 Dumont 等（2006）以及 Brock 和 Dobbelaere（2006）理论模型的基础上，假设了投入要素的可变性及市场的不完全竞争性。与完全竞争的市场结构相比，企业对市场具有一定的控制力，因而企业的定价不再遵循 $P = MC$ 的原则，而是在利润最大化原则指导下制定产品价格，并获得利润收入。同时，要素收入也偏离了要素的边际产品收益，可以分享企业的租金收入。从而劳动收入份额包含竞争性收入份额和租金收入份额两个部分。

一　纳什谈判均衡解

欲在租金分享框架下，求解出劳动收入份额的表达式，正确建立劳动收入份额与其租金分享能力的理论关系，必先求解出企业和劳动者就工资和就业水平谈判达成的纳什谈判均衡解。纳什（1950）在个人效用理论基础上，建立了纳什谈判理论。

在纳什谈判博弈中，局中人的支付以效用函数来表示：假设 U_1 和 U_2 分别表示若谈判成功，则谈判双方所能获得的效用支付，d_1 和 d_2 表示若谈判失败，则谈判双方所能获得的效用支付。且谈判成功的任何可能性效用解（U_1,U_2）都在可行集 F 中，F 是局中人通过博弈所能达到的所有支付对（U_1,U_2）的集合。那么，在 F 集合中是否存在谈判双方都能接受的最优支付解呢？如果存在，这个支付解是不是唯一的？如果这样的支付解存在且唯一，如何求解？对于这一系列的问题，纳什（1950）证明了如果满足对称性公理、线性不变性公理及无关选择的独立性公理，则谈判存在唯一最优解，且可以通过最大化函数 Max（$U_1 - d_1$）$^{\theta}$（$U_2 - d_2$）$^{1-\theta}$ 获得最优解，其中，θ 和 $1 - \theta$ 分别表示谈判双方各自具有的租金分享能力。

因此，按照纳什（1950）的分析，只要每个局中人都希望最大化预期效用，且谈判过程满足三大公理，那么，就必定存在而且唯一存在一个纳什谈判均衡解。而这样的纳什谈判均衡解的存在，是租金分享模型的理论基础。同时，企业的资本投入是否被视为沉没成本，对企业效用函数的选择具有决定性影响，因而，引入理论模型 I 和理论模型 II。

二　理论模型 I：资本投入为沉没成本

纳什谈判均衡解的求解过程，涉及企业和劳动者效用函数的选择，同时，资本投入是否被视为企业的沉没成本，又将影响企业效用函数的选择。如，若资本投入被视为企业沉没成本，则企业效用函数（U）满足 $U = PQ - WL$；反之，若资本投入如同劳动力，也被视为企业流动成本，则企业效用函数（U）满足 $U = PQ - WL - KP_K$。其中，P、Q 为产品市场上，企业生产某种产品的价格与产量；L、K 表示生产该产品所需的劳动和资本投入量；P_K、W 为企业对资本和劳动发生的实际支付。在此，W、L 也就是劳动者的谈判报酬和就业水平。本部分先假设资本投入为企业沉没成本，继而，在后面放松该假设，分析当资本投入对企业而言，也是流动成本时的租金分享模型，并就两种模型结果的异同进行比较分析。

假设在不完全竞争市场上，代表性企业生产产品时的投入要素只有两种：资本（K）和劳动（L），生产技术表现为规模报酬不变，最终产品的市场销售价格为 P，产品的生产产量为 Q。在此，不完全竞争市场意味着代表性企业对产品销售价格具有一定的控制力，因而，产品价格 P 是产量 Q 的函数，不再等于产品的边际成本 MC，相对于完全竞争市场，企业获得了利润收入。同时，假设劳动者的最终工资水平为谈判工资 W，劳动者在完全竞争市场中能获得的收入（边际产品价值）为 $\bar{W}$，资本价格 P_K 为竞争性价格。为简单起见，假设在有效谈判模型中劳动者是风险中立型，其谈判目标是租金最大化。那么，根据产品市场上企业生产特点及租金的含义，可知生产方程、企业的利润（π）及租金收入（R）的表达式分别为：

$$P = P(Q) \tag{5—1}$$

$$Q = F(L, K) \tag{5—2}$$

$$\pi = PQ - WL - KP_K \tag{5—3}$$

$$R = PQ - \bar{W}L - KP_K \tag{5—4}$$

根据式（5—1）、式（5—2）可求解出每单位劳动的边际收入为：

$$\frac{\partial PQ}{\partial L} = P(1 - M)\frac{\partial Q}{\partial L} = P\frac{1}{u}\frac{\partial Q}{\partial L} \tag{5—5}$$

其中，M 为产出的价格弹性，u 为价格加成。由于假设了劳动者的风险中立性，劳动者的谈判目标是租金最大化。那么，此目标与企业的利润最大化目标是否相冲突？双方有没有谈判的基础呢？在此，先证明劳动者的租金最大化与企业的利润最大化目标具有一致性，为双方的谈判达成奠定理论基础。假设劳动者获得的租金收入比例为 θ（$\theta \leqslant 1$），根据给定条件，可知谈判工资为：

$$W = \bar{W} + \theta\frac{R}{L} \tag{5—6}$$

把式（5—4）代入式（5—6），得出谈判工资 W 的另一表达式：

$$W = \bar{W} + \theta\left(\frac{PQ - \bar{W}L - KP_K}{L}\right) \qquad (5—7)$$

根据式（5—3）可知 $PQ - KP_K = \pi + WL$，将其代入式（5—7）中，可得谈判工资 W 为：

$$W = \bar{W} + \theta\left(\frac{\pi + WL - \bar{W}L}{L}\right) = \bar{W} + \frac{\theta}{1 - \theta}\frac{\pi}{L} \qquad (5—8)$$

联立式（5—6）和式（5—8），可得出利润（ π ）和租金（ R ）的关系式：

$$\pi = (1 - \theta)R \qquad (5—9)$$

由于 $\theta \leqslant 1$，根据式（5—9）可以判断，劳动者的租金最大化目标与企业的利润最大化目标之间并不矛盾。因此，该模型满足局中人效用的可比性前提。同时，根据假设可知，若双方谈判成功，则代表性企业和劳动者获得的效用支付分别为 $PQ - WL - KP_K$ 及 WL；若双方谈判失败，则劳动者可以获得的效用支付为 $\bar{W}L$，而代表性企业由于没有任何产出，其效用支付也就是沉没成本的付出 KP_K。因此，劳动者和代表性企业的效用函数 U_L 和 U_K 分别为：

$$U_L(W,L) = (W - \bar{W})L \qquad (5—10)$$

$$U_K(W,L) = PQ - WL \qquad (5—11)$$

假设劳动者的租金分享能力为 β（ $0 \leqslant \beta \leqslant 1$ ），则企业的租金分享能力为 $1 - \beta$，那么，代表性企业和劳动者就工资和就业水平达成协议的纳什谈判解为：

$$\text{Max}_{W,L}G(W,L) = (PQ - WL)^{1-\beta}[(W - \bar{W})L]^{\beta} \qquad (5—12)$$

根据拉格朗日函数定理，为了获得最大化的 G，必须满足的一阶条件为：

$$\frac{\partial G}{\partial W} = 0 \leftrightarrow (1 - \beta)(W - \bar{W}) = \beta\left(\frac{PQ}{L} - W\right) \qquad (5—13)$$

$$\frac{\partial}{\partial L}\frac{G}{L} = 0 \leftrightarrow \frac{\beta}{L} + \frac{(1-\beta)}{PQ - WL}\Big[P(1-M)\frac{\partial}{\partial L}\frac{Q}{L} - W \Big] = 0 \quad (5\text{—}14)$$

结合式（5—13）和式（5—14），可求得劳动者的替代收入 $\bar{W}$ 为：

$$\bar{W} = P(1-M)\frac{\partial}{\partial L}\frac{Q}{L} = MR \times \frac{\partial}{\partial L}\frac{Q}{L} = MR \times Q_L \quad (5\text{—}15)$$

其中，MR 表示产出的边际收入，Q_L 表示劳动的边际产出，即为 $\frac{\partial}{\partial L}\frac{Q}{L}$。将式（5—15）中得到的劳动者替代收入 $\bar{W}$ 代入式（5—13）中，可求得劳动者的谈判报酬 W 为：

$$W = \beta\frac{PQ}{L} + (1-\beta)P(1-M)\frac{\partial}{\partial L}\frac{Q}{L} = \beta\frac{PQ}{L} - (1-\beta)MR \times Q_L$$
$$(5\text{—}16)$$

将式（5—16）两边同乘以就业水平 L 后，再同时除以总收入 PQ，得劳动收入份额（SL）的表达式：

$$SL = \beta + (1-\beta)\frac{MR \times Q_L \times L}{PQ} = \beta + (1-\beta)\frac{\varepsilon_{Q,L}}{u} = \frac{\varepsilon_{Q,L}}{u} +$$
$$\beta\Big(1 - \frac{\varepsilon_{Q,L}}{u}\Big) \quad (5\text{—}17)$$

其中，$\varepsilon_{Q,L}$ 表示劳动的产出弹性，u 表示价格边际成本比，简称加成。式（5—17）清楚地表明了劳动收入份额包含两个部分：$\frac{\varepsilon_{Q,L}}{u}$ 为劳动收入份额的第一部分，即经加成平减后的劳动产出弹性，表示劳动者仅凭边际产品价值所能获得的劳动收入份额，也就是在完全竞争市场模型中，劳动者获得的收入份额。劳动收入份额的第二部分为 $\beta\Big(1 - \frac{\varepsilon_{Q,L}}{u}\Big)$，是劳动者在不完全竞争市场，通过谈判获得的租金收入份额。

对式（5—17）两边分别就劳动租金分享能力 β 及价格加成 u 求偏导，可知：

$$\frac{\partial\,SL}{\partial\,\beta} = 1 - \frac{\varepsilon_{Q,L}}{u} > 0 \qquad\qquad (5\text{—}18)$$

$$\frac{\partial\,SL}{\partial\,u} = \frac{-(1-\beta)\varepsilon_{Q,L}}{u^2} < 0 \qquad\qquad (5\text{—}19)$$

根据劳动收入份额（SL）对劳动者租金分享能力 β 和价格加成 u 求偏导的结果，可以判断，劳动收入份额与劳动租金分享能力及价格加成之间的关系。其中，式（5—18）表明，劳动收入份额与劳动者租金分享能力呈正向关系，随着劳动者租金分享能力的增强而增加，随着劳动者租金分享能力的减弱而下降；式（5—19）表明，当资本投入为企业的沉没成本时，劳动收入份额随着企业加成的下降而增加，随着加成的上升而下降，两者呈负相关关系。

三　理论模型Ⅱ：资本投入为流动成本

当资本投入对企业而言并非沉没成本，而是和劳动要素一样是可流动性的投入成本时，企业的效用函数 U_K 不再满足等式 $U_K(W,L) = PQ - WL$。因为当资本投入不是沉没成本，代表性企业和劳动者谈判失败时，企业并没有任何沉没成本的付出，因而代表性企业在谈判失败时的效用支付为零，而在谈判成功时的效用支付为 $PQ - WL - KP_K$。结合劳动者的效用函数，当资本投入被视为企业的流动成本时，纳什谈判均衡解为：

$$\text{Max}_{W,L,K}\, G(W,L,K) = (PQ - WL - KP_K)^{1-\beta}\,[(W-\overline{W})L]^{\beta}$$

$$(5\text{—}20)$$

同理，为保证获得唯一均衡的纳什谈判解，根据拉格朗日函数极大值求法，式（5—20）的解必须满足的一阶条件为：

$$\frac{\partial\,G}{\partial\,W} = 0 \leftrightarrow (1-\beta)(W-\overline{W}) = \beta\left(\frac{PQ}{L} - W - \frac{KP_K}{L}\right) \qquad (5\text{—}21)$$

$$\frac{\partial\,G}{\partial\,L} = 0 \leftrightarrow \frac{\beta}{L} + \frac{(1-\beta)}{(PQ - WL - KP_K)}$$

$$\left[P(1-M)\frac{\partial Q}{\partial L}-W\right]=0 \tag{5—22}$$

$$\frac{\partial G}{\partial K}=0\leftrightarrow\frac{(1-\beta)}{PQ-WL-KP_K}\left(\frac{P}{u}\frac{\partial Q}{\partial K}-R\right)=0 \tag{5—23}$$

联立式（5—21）、式（5—22）和式（5—23），解得劳动者谈判工资 W 为：

$$W=\beta\frac{PQ}{L}\left(1-\frac{1-\varepsilon_{Q,L}}{u}\right)+(1-\beta)MR\times Q_L \tag{5—24}$$

同理，式（5—24）两边同时乘以就业水平 L 并同时除以总收入 PQ，得到劳动收入份额（SL）的表达式为：

$$SL=\frac{(1-\beta)\varepsilon_{Q,L}}{u}+\beta\left(1-\frac{1-\varepsilon_{Q,L}}{u}\right)=\frac{\varepsilon_{Q,L}}{u}+\beta\left(1-\frac{1}{u}\right)$$
$$\tag{5—25}$$

式（5—17）和式（5—25）同样表明了在租金分享框架下，劳动收入份额包含两个部分：第一部分是在完全竞争市场上，劳动者依据边际产品收益获得的收入份额 $\frac{\varepsilon_{Q,L}}{u}$。第二部分是在不完全竞争市场上，劳动者获得的超过边际产品收益的收入份额，即通过谈判获得的租金分享份额 $\beta\left(1-\frac{1}{u}\right)$。

因此，式（5—17）和式（5—25）的结论表明，无论资本投入是否是企业的沉没成本，劳动收入份额都包含劳动边际收入份额和租金分享份额两个部分。同样，对式（5—25）两边分别就劳动者租金分享能力 β 及价格加成 u 求偏导，得：

$$\frac{\partial SL}{\partial\beta}=1-\frac{1}{u}>0 \tag{5—26}$$

$$\frac{\partial SL}{\partial u}=\frac{-(\varepsilon_{Q,L}-\beta)}{u^2} \tag{5—27}$$

如同式（5—18）、式（5—26）同样表明，劳动收入份额与劳动者租金分享能力呈正相关关系。但是，与式（5—19）明确判断出劳动收入份额与价格加成之间呈负相关关系不同，式（5—27）表明，当资本投入不被视为沉没成本时，价格加成变化对劳动收入份额的影响不再明确，可能为正相关，也可能为负相关。如：当 $\varepsilon_{Q,L} > \beta$ 时，$\dfrac{\partial}{\partial u}\dfrac{SL}{} < 0$，加成的减少导致劳动收入份额的上升，反之则反之，两者呈负相关关系；而当 $\varepsilon_{Q,L} < \beta$ 时，$\dfrac{\partial}{\partial u}\dfrac{SL}{} > 0$，加成的减少导致劳动收入份额的下降，反之则反之，两者呈正相关关系。简言之，加成变动与劳动收入份额变动的关系，由劳动产出弹性与劳动者租金分享能力相比的差额决定。当差额为正，劳动产出弹性大于劳动者租金分享能力时，劳动收入份额随加成的下降而上升；反之，当差额为负，劳动产出弹性小于劳动者租金分享能力时，劳动收入份额随着加成的下降而下降。由此可知，加成引起劳动收入份额的变动方向是不确定的。

　　同时，更为重要的是，根据理论模型Ⅰ和理论模型Ⅱ，可以判断出，劳动者租金分享能力与劳动收入份额之间具有明确的正向关联。不论资本投入对企业而言是不是沉没成本，劳动收入份额都随着劳动者租金分享能力的增强而增加，随着劳动者租金分享能力的减弱而下降。因此，忽视对外贸易对劳动者租金分享能力的影响，就不能全面分析对外贸易对劳动收入份额的影响。

第二节　对外贸易对劳动者租金分享能力的影响

　　上一节肯定了劳动者享有租金份额，只是对于这部分的处理，现有文献存在分歧，主要有两种意见：一种意见认为将企业和劳动者获得的租金分享份额均假定为常数，不随时间和行业的变化而有所区别；另一种意见认为企业和劳动者租金分享份额是变化的，具有时间和行业差异。本章依据租金分享模型的结论，引用第二种处理原则，提出劳动者租金分享份额随租金分享能力的增强（减弱）而提高（减少），进而促使劳动收入份额的上升（下降）。

那么，是什么因素导致了劳动者租金分享能力的改变，继而导致其租金分享份额发生变动？随着全球化的加速，越来越多的学者强调对外贸易的决定作用。针对发达国家相关研究的大多数文献提出，对外贸易使得国内劳动和国外劳动的替代更加容易，劳动替代弹性增加，致使劳动者在租金分享谈判中处于较为不利的地位，减少了其原本所能分享到的租金收入，进而导致劳动者租金分享份额下降（Rodrik，1997；Slaughter，2001；Kramarz，2003；Harrison，2002）。那么，对外贸易为什么会影响劳动者和企业的谈判能力？对外贸易究竟可以通过哪些方式，影响劳动者的谈判地位呢？劳动者的谈判能力能否利用租金分享模型的结论，进行直接测算呢？本节通过租金规模、劳动者替代收入、贴现率等，分析对外贸易对劳动者租金分享能力产生的间接或直接影响。

一 对外贸易对劳动者租金分享能力的间接影响

对外贸易引入的竞争机制，不仅改变了企业获得租金的能力，而且改变了劳动者的外部选择，致使企业和劳动者之间可以分享的租金规模，及劳动者的替代收入均发生变化。而租金规模的改变意味着，企业和劳动者为之谈判、可以分享的租金收入发生变化；劳动者替代收入的改变则意味着劳动者对谈判失败的忍耐力和接受度变化。因此，两者皆可以间接影响劳动者的租金分享能力。

（一）对外贸易、租金规模与租金分享

一国对外贸易的发展可能会改变企业和劳动者可以分享并为之谈判的租金规模，众多的实证研究文献已经证明了这个结论（Ahsan & Mitra，2010；Kramarz，2003）。从微观层面上分析，企业对产品的定价能力与企业对市场的控制力成正比，即产品的价

格加成随着企业垄断力的增强而增加，随着垄断力的减弱而减少。而贸易自由化导致一国国内竞争加剧，促使企业对市场垄断力下降，随之，产品价格加成也将减少。而价格加成的下降意味着边际收入产品（MPR）与边际产品价值（VMP）之间的差异缩小，企业和劳动者可以分享的租金规模由此减少。

进而，企业租金规模的减少会间接影响劳动者在谈判中的地位，即租金分享能力。一般认为，随着企业租金规模的减少，企业为确保利润所占份额保持稳定，往往对劳动者在谈判中提出的租金分享比例较之以前更为苛刻。因此，企业租金规模的减少，将致使企业尽可能地减少劳动者所分享的租金收入，导致劳动者租金分享能力的下降。

不过，租金规模（企业价格加成）的下降，并不一定意味着劳动收入份额的减少（Huizinga，1993；Ahsan & Mitra，2010）。如前所述，劳动收入份额包含竞争收入份额和租金分享份额两个部分，而租金规模的变动对这两个部分会产生截然相反的影响。其中，竞争收入份额上升，而租金分享份额下降。在第一节理论模型Ⅱ中，式（5—25）表明了此结论。如式（5—25）所示，MRP 和VMP 之间的差异会随着租金规模的下降而减少，因此，随着租金规模的下降，劳动者通过劳动边际产品价值获得的收入份额将上升；同时，在局中人谈判能力等其他因素不变的前提下，租金规模的下降表明局中人可以分享的利益总额减少，因而导致局中人分享的收入份额随之下降。因此，诚如 Ahsan 和 Mitra（2010）等所述，租金规模的变化对劳动收入份额的影响具有不确定性。

（二）对外贸易、替代收入与租金分享

劳动者的替代收入指，若企业和劳动者组织旨在工资和就业的谈判失败，劳动者可以获得的补偿收入，或者劳动者通过其他工作渠道可以获得的收入。劳动者对租金分享谈判失败的心理承受力与替代收入成正比，随着替代收入的增加而上升，随着替代收入的减小而下降。因此，替代收入越大，意味着劳动者对谈判

失败的忍耐力越强，越有利于其在谈判中确立优势地位，分享更多的租金份额。所以，劳动者替代收入的增加间接推动了劳动者租金分享能力的增强。

而对外贸易则会影响劳动者的外部选择，改变劳动者外部选择机会的难易程度。如进口贸易引发国内竞争加强，导致劳动市场紧张程度加大，使得劳动者获得临时工作的可能性减少，因而，劳动者的外部选择机会更少，获得替代收入的难度加大；出口贸易则相反，减少了国内劳动市场的紧张程度，使劳动者可以获得更多的外部选择机会，因而，劳动者取得替代收入相对较为容易（Kramarz，2003；Harrison，2005；Brock & Dobbelaere，2006）。

对外贸易正是通过改变劳动者获得替代收入的难易程度及规模，继而影响了劳动者的谈判忍耐力。若对外贸易使得劳动者的外部选择越发容易，则劳动者对谈判失败的心理承受力越强，越有利于劳动者优势谈判地位的确立；反之，若对外贸易导致劳动者的外部选择机会减少，则将致使劳动者在谈判中处于劣势。可能正是鉴于此种考虑，Harrison（2005）在其研究中，直接将劳动者的替代收入作为劳动者租金分享能力的工具变量。同时，不同于对外贸易引发企业租金规模变动，继而对劳动收入份额产生不确定性影响，对外贸易导致劳动者替代收入变化，继而引发的劳动收入份额变动方向与前者具有一致性。

二　对外贸易对劳动者租金分享能力的直接影响

对外贸易不仅可以通过改变租金规模、替代收入等间接方式，更可以直接改变劳动者租金分享能力。目前，对劳动者租金分享能力的测算方法主要有两种：其一，以贴现率或劳动需求弹性，间接替代进行核算；其二，根据租金分享模型得出劳动者实际收入的构成，利用计量工具，对其中涉及的劳动者租金分享能力进行直接的测算。

（一）间接测算

间接测算，旨在用其他指标替代劳动者租金分享能力，运用工具变量模拟测算。现有的工具变量主要是贴现率和劳动需求弹性。

首先，经济学中有关谈判的模型强调，局中人的谈判能力与其耐力成正比。而谈判耐力主要取决于局中人对未来价值的贴现率。因此，在企业与劳动者的谈判中，如果劳动者对未来价值的贴现率低于企业，则劳动者的租金分享能力要强于企业；反之，若劳动者对未来价值的贴现率高于企业，则企业的租金分享能力将强于劳动者。进而可以判断，若想实现租金在企业和劳动者之间进行平分的对称纳什谈判，即企业和劳动者各自的租金分享能力均达到 0.5，必须满足的前提条件是企业和劳动者具有同样的贴现率（Teulings & Hartog，1998；Harrison，2005）。

其次，Rodrik（1997）提出：劳动需求弹性越大，租金分享谈判的优势越有可能由劳方向资方转移。因而，后续研究直接以劳动需求弹性替代测算劳动者租金分享能力，并研究对外贸易对其产生的影响。根据劳动需求弹性核算公式：$\varepsilon_L = -(1 - S_L)\sigma_{LL} - S_L\sigma_j$，其中，$\varepsilon_L$ 为劳动需求弹性、S_L 为劳动收入份额、σ_{LL} 为产出不变时劳动和其他要素的替代弹性、σ_j 为产品需求弹性，可以判断，劳动需求弹性包含替代效应和规模效应。因此，对外贸易对劳动需求弹性的影响可以分解为，对外贸易对要素替代弹性及对产品规模弹性的影响。

对外贸易使本国企业通过在国外市场建立分支机构或中间品进口的方式，达到用国外生产要素替代本国生产要素的目的，导致不同国家生产要素的替代更加便捷、通畅。因此，贸易开放提高了规模不变时的要素替代弹性 σ_{LL}。同时，对外贸易还导致贸易国国内产品市场的竞争性加强，提高了产品的需求弹性 σ_j。因此，对外贸易从整体上提高了劳动的需求弹性，降低了劳动者的租金分享能力（Slaughter，2001；Mitra & Ramaswamy，2007）。

（二）直接测算

以上工具变量只是对劳动者租金分享能力的一种近似估计，

并没有直接得出其具体数值。然而，随着租金分享模型、广义纳什谈判均衡解及计量工具的运用和推广，产生了最为直接、最为有效的测算劳动谈判能力的方法。

具体而言，根据租金分享理论模型的结论，为保证目标函数 $\text{Max}_{W,L,K}G(W,L,K)=(PQ-WL-KP_K)^{1-\beta}[(W-\bar{W})L]^{\beta}$ 获得唯一均衡的纳什谈判解，利用拉格朗日函数极大值求法原则，目标函数必须满足的一阶条件为 $\frac{\partial G}{\partial W}=0$。根据此一阶条件的计算结果，可知劳动者工资 W 满足 $W=\alpha\bar{W}+\beta\frac{VA}{L}$，其中，$\bar{W}$ 为劳动者的外部选择工资收入，VA 为企业的增加值，L 为企业的劳动力从业人数，β 即为劳动者租金分享能力。因此，只要调查出劳动者工资水平、替代工资水平及企业的增加值数值，运用计量工具即可测算出劳动者租金分享能力。

对劳动者租金分享能力直接测算的方法，相对而言，不仅有助于判断全国宏观劳动者的租金分享能力，同时，进一步还有助于测算出一国不同行业、不同企业具体的劳动者租金分享能力及其差异。① 因此，本章选用直接测算方法，利用企业数据对中国劳动者租金分享能力进行宏观及二位码工业行业的直接估算，并以此为基础，检验对外贸易的影响。

第三节　中国劳动者租金分享能力

《工会法》明确规定，"中华全国总工会及其各级工会代表职工的利益，依法维护职工的合法权益"，"维护职工合法权益是工会的基本职责。工会在维护全国人民总体利益的同时，代表和维

---

① 如：Brock 和 Dobbelaere（2006）据此测算了比利时宏观及工业行业劳动者租金分享能力，Dumont 等（2006）据此比较了欧盟五国（比利时、法国、德国、意大利、英国）的劳动者租金分享能力。

护职工的合法权益"。那么，作为中国职工代表的中华全国总工
会及其各级工会组织，能否就劳动者的工资和就业与企业进行直
接的租金分享谈判呢？部分学者提出，中国的工会组织与西方的
工会组织性质不一样，不像后者纯粹是劳动者的组织，中华全国
总工会在中国具有半政府性质，不能要求如后者般，代表劳动者
与企业进行相关的谈判事宜。即使中华全国总工会可以在一定程
度上支持劳动者的经济要求，但绝不意味着能为了劳动者利益直
接要求索赔（Chen，2009；Liu，2011）。

正是基于这种中国缺乏正式的谈判机制，企业和劳动者的租金
谈判几乎不存在的认识，部分文献在研究中国劳动收入份额的变动
中，直接假设中国劳动者不具有租金分享能力，只能按照劳动边际
产品价值取得收入，因而劳动收入份额不包含租金分享部分。

实际上，通过中国微观企业数据研究，很多学者提出相反的
观点。认为中国劳动者可以分享企业利润并承担企业亏损，企业
的租金规模与劳动者报酬呈正相关关系。只是，相对于出资方，
劳动者更倾向于获得较为固定的工资收入。因而，中国劳动者所
分配到的企业利润和承担企业亏损的比重都在下降，中国劳动者
的租金分享能力处于不断下降的趋势（李稻葵等，2009；翁杰，
2008；Nee & Opper，2012；Kamal et al.，2012）。更为重要的
是，不同于发达国家的研究结论，对外贸易对中国劳动者租金分
享能力具有正向影响，对外贸易有助于提高劳动者的租金分享能
力，从而对劳动收入份额产生正向作用。

本节在租金分享模型的结论基础上，从宏观和行业两个层面
对中国劳动者租金分享能力进行具体测算，以检验中国劳动者是
否具有租金分享能力。继而以此为基础，下一节检验中国对外贸
易的影响。

一 数据及计量方法说明

根据租金分享理论模型的结论，可知劳动者的实际工资与外

部选择、租金分享能力及企业增加值密切相关，在此，运用式（5—7）或式（5—21）的计算结果，设计量方程为：

$$W_{ijt} = \alpha_j + \delta\ln \bar{W}_{jt} + \beta\left(\frac{VA}{L}\right)_{ijt} + \alpha_t + \varepsilon_{ijt} \qquad (5—28)$$

其中，下标 i、j、t 分别代表企业、行业和时间，W_{ijt} 为 t 期行业 j 中企业 i 的劳动者工资收入，$\bar{W}_{jt}$ 为 t 期行业 j 的劳动者外部选择工资收入，VA 为企业的增加值，L 为企业中的劳动者从业人数，α_t 为时间控制变量，α_j 为行业控制变量，ε_{ijt} 为残差项，β 为劳动者的租金分享能力。

为了较为准确地核算中国劳动者租金分享能力，在此，选择中国工业行业 1998—2007 年的企业数据，所有变量数据均来源于中国工业企业数据库。其中，劳动者从业人数（L）用全部职工（从业人员平均人数）替代；劳动者工资收入（W_{ijt}）用企业本年应付工资总额除以从业人员平均人数（L）获得；企业增加值（VA）以工业增加值替代，为保证结果的稳健性，本节又分别以企业利润总额和工业总产值作为工业增加值的工具变量重复模拟核算；对于劳动者外部选择工资收入 $\bar{W}_{jt}$，依据 Vandenbussche 等（2001）、Brock 和 Dobbelaere（2006）等的观点，本节选择用该企业所在行业的企业最低工资水平替代。所有变量包括企业劳动者工资、企业所在行业最低工资及企业的工业增加值均用实际值表示。其中，劳动者工资和行业最低工资的实际值用各自名义值除以消费物价指数获得；企业的工业增加值等实际值用各自名义值除以行业生产价格指数获得。鉴于目前中国缺乏不同行业的具体生产价格指数，在此，各个行业的生产价格指数用宏观生产价格指数统一替代，且消费物价指数和生产价格指数均以 1998 年为基期。由于不同年份、不同行业劳动者租金分享能力具有差异性，因此，在方程中加入了时间和行业虚拟变量以控制可能无法观测的给定年份及行业影响。

为保证分析数据的有效性，本节首先剔除了工业增加值及应付工资总额为负值的企业数据，继而，以名义工业增加值进行排序，同样剔除掉排名在前 0.5% 及排名在后 0.5% 的异常企业数据，最后，就剩余的 1995520 家企业数据进行了统计分析。描述性统计结果如表 5—1 所示：以 1998 年为基期，1998—2007 年企业人均实际工资的均值为 1.365 万元/年，行业人均实际最低工资的均值为 1.0460 千元/年，企业人均实际工业增加值的均值为 7.719 万元/年。同时，由样本标准差可以看出，劳动者可以分享的租金规模在不同企业之间的差异要远远大于不同企业的工资差异。

表 5—1   宏观回归：1998—2007 年企业数据的描述性统计

变量	样本个数	样本均值	样本标准差
企业人均实际工资（千元/年）	1995520	13.6492	63.9425
企业人均实际工业增加值（千元/年）	1995520	77.1930	111.6087
行业人均实际最低工资（千元/年）	1995520	1.0460	1.3869

资料来源：笔者整理计算而成。

利用 40 个二位码工业行业 1998—2007 年共 1995520 家企业数据，本节选取两种方式估算中国劳动者的租金分享能力 β。首先，将所有年份所有企业数据组成一个数据集，在控制时间和行业虚拟变量的基础上，估算中国宏观层面上的劳动者租金分享能力；其次，由于宏观层面估计的劳动者租金分享能力 β，只是一个具体的数值，代表中国不同行业劳动者具有相同的租金分享能力。因而，此 β 不能有效反映不同行业劳动者租金分享能力的差异。于是，在估算出宏观劳动者租金分享能力之后，本节还估算了不同行业不同年份的劳动者租金分享能力，并以此数值为基础，研究对外贸易对中国劳动者租金分享能力的影响。

二 宏观计量结果

根据 1995520 家企业 1998—2007 年人均实际工资、人均实际增加值和行业人均实际最低工资具体数值，在控制时间和行业虚拟变量的基础上，得到的计量结果如表5—2中（1）所示：从宏观层面上，中国劳动者租金分享能力约为0.029，显著水平为1%。结果证实了 Nee 和 Opper（2012）等的假设，与李稻葵等（2008）的结论类似，与 Bai 和 Qian 等（2010）的结论相反。依据企业数据计量的结果表明，中国劳动者具有一定的租金分享能力，但是，中国劳动者与企业之间的租金分享谈判属于非对称纳什谈判，因为，中国劳动者的租金分享能力远远低于0.5这一水平。诚如李稻葵等（2008）所述，中国劳动者的租金分享能力较之于企业，还非常之弱，有很大的提升空间。

为对这一结论进行稳健性检验，本节继而以人均实际利润和人均实际产出，替代人均实际增加值分别重复核算。人均实际利润、人均实际产值的计算方法与人均实际增加值类似，都以1998年为基期，用人均名义值除以生产价格指数获得。其中，人均名义利润等于企业利润总额除以全部职工人数，人均名义产值用企业总产值除以企业职工人数获得。

回归前，同样根据人均名义利润和人均名义产值进行排序，剔除排名在前0.5%和排名在后0.5%及存在异常值的企业数据。其中，以人均实际利润作为工具变量，经过数据处理后，剩余1575309家企业数据，检验结果如表5—2中（2）所示：在控制年份和行业虚拟变量后，劳动者的租金分享能力约为0.087，显著水平为1%。虽然数值要稍大于0.029，结论却是一致的。中国劳动者拥有租金分享能力，只是，这种能力与企业相比极不对称，劳动者的租金分享能力要远远小于企业的租金分享水平。以人均实际总产值作为工具变量，经过数据处理后，剩余2037134家企业数据，检验结果如表5—2中（3）所示：结论同样不变，只是劳动者的租金分享能力更弱，约为0.009。

因而，根据企业数据核算检验的结果表明，从宏观层面上，中国劳动者具有租金分享能力，但是，相对于企业而言，劳动者的谈判能力十分薄弱，中国劳动者与企业在谈判中处于严重的不对等地位。

表 5—2　　　　　　　中国劳动者租金分享能力：宏观层面

解释变量	（1）	（2）	（3）
人均实际增加值	0.029 *** （0.0004）		
人均实际利润		0.087 *** （0.0006）	
人均实际总产值			0.009 *** （0.0001）
行业人均实际最低工资	0.1906 *** （0.055）	0.1435 *** （0.023）	0.2107 *** （0.054）
年份效应	控制	控制	控制
行业效应	控制	控制	控制
样本量	1995520	1575309	2037134
F 统计量	28.56	129.99	29.24

注：***表示显著水平为1%，括号内的数值为标准差。

三　中国不同行业劳动者租金分享能力

上一部分从宏观层面测算得到的劳动者租金分享能力，是以所有行业的劳动者具备相同谈判能力为假设前提。实际上，不同行业劳动者租金分享能力差异较大，为考察不同行业劳动者各自的租金分享能力，本部分以二位码工业行业划分为基础，根据不同二位码行业的人均实际工资、人均实际增加值及人均实际最低工资，测算了40个不同二位码工业行业1998—2007年各年的劳动者租金分享能力。表5—3分别统计了40个不同二位码工业行业1998—2007年各年劳动者租金分享能力的均值、标准差、最小值及最大值。

表5—3提供了以下信息：首先，从平均值来看，诚如宏观层面数值，企业数据显示各个二位码工业行业的劳动者具有租金分享能力，但是，这种能力极其薄弱，且各行业之间存在明显的差异。具体而言，各二位码工业行业的劳动者与企业租金分享谈判均为非对称纳什谈判，劳动者的租金分享能力均远远低于0.5。

其中，40个工业行业中只有木材及竹材采运业达到0.1，其他各行业的数值均低于0.1。其次，各个二位码工业行业的标准差显示，同一行业内，不同企业劳动者谈判能力的差异并不明显。标准差最大出现在煤炭开采和洗选业，其数值也只有0.1899。因此，可以基本判断，劳动者租金分享能力的差异主要体现在不同行业之间。最后，从最大值分析，只有10个二位码工业行业，劳动者租金分享能力的最大值接近或高于0.5，分别是通用设备制造业（0.4516）、木材及竹材采运业（0.4748）、有色金属矿采选业（0.5141）、煤炭开采和洗选业（0.6335）、通信设备、计算机及其他电子设备制造业（0.7124）、工艺品及其他制造业（0.7267）、仪器仪表及文化、办公用品机械制造业（0.9758）、家具制造业（0.9803）、交通运输设备制造业（0.9817）和非金属矿物制品业（0.9978）；与之相对应，却有9个二位码工业行业，其劳动者租金分享能力的最大值都低于0.1，分别是塑料制品业（0.0972）、石油加工、炼焦及核燃料加工业（0.0961）、皮革、毛皮、羽毛（绒）及其制品业（0.0919）、废弃资源和废旧材料回收加工业（0.0786）、其他采矿业（0.0756）、饮料制造业（0.0732）、黑色金属冶炼及压延加工业（0.0444）、燃气生产和供应业（0.0403）、石油和天然气开采业（0.0334）。

因此，无论是从宏观数值，还是从各二位码工业行业均值，甚至从其最大值分析，都说明了这样一个基本事实：企业数据显示，中国劳动者虽然具有一定的租金分享能力，但更为重要的是，这种能力普遍较弱。

表5—3　　　　　　二位码工业行业的劳动者租金分享能力

序号	行业名称	均值	标准差	最小值	最大值
1	煤炭开采和洗选业	0.0981	0.1899	0.0121	0.6335
2	石油和天然气开采业	0.0234	0.0101	0.0059	0.0334
3	黑色金属矿采选业	0.0257	0.0293	0.0019	0.1196

续表

序号	行业名称	均值	标准差	最小值	最大值
4	有色金属矿采选业	0.0448	0.0698	0.0004	0.5141
5	非金属矿采选业	0.0326	0.0520	0.0005	0.3767
6	其他采矿业	0.0407	0.0195	0.0139	0.0756
7	木材及竹材采运业	0.1391	0.1534	0.0128	0.4748
8	农副食品加工业	0.0207	0.0272	0.0018	0.2950
9	食品制造业	0.0397	0.0337	0.0007	0.2949
10	饮料制造业	0.0327	0.0165	0.0008	0.0732
11	烟草制品业	0.0599	0.0457	0.0012	0.1814
12	纺织业	0.0325	0.0258	0.0007	0.2139
13	纺织服装、鞋、帽制造业	0.0545	0.0363	0.0108	0.1550
14	皮革、毛皮、羽毛（绒）及其制品业	0.0238	0.0188	0.0011	0.0919
15	木材加工及木、竹、藤、棕、草制品业	0.0298	0.0211	0.0022	0.1339
16	家具制造业	0.0781	0.1869	0.0126	0.9803
17	造纸及纸制品业	0.0345	0.0226	0.0001	0.1115
18	印刷业和记录媒介的复制	0.0486	0.0240	0.0043	0.1430
19	文教体育用品制造业	0.0517	0.0466	0.0041	0.2557
20	石油加工、炼焦及核燃料加工业	0.0310	0.0226	0.0063	0.0961
21	化学原料及化学制品制造业	0.0384	0.0298	0.0039	0.2106
22	医药制造业	0.0434	0.0214	0.0160	0.1039
23	化学纤维制造业	0.0343	0.0272	0.0008	0.1353
24	橡胶制品业	0.0397	0.0447	0.0001	0.2188
25	塑料制品业	0.0287	0.0154	0.0075	0.0972
26	非金属矿物制品业	0.0452	0.1127	0.0002	0.9978
27	黑色金属冶炼及压延加工业	0.0205	0.0096	0.0029	0.0444
28	有色金属冶炼及压延加工业	0.0241	0.0449	0.0002	0.3665
29	金属制品业	0.0347	0.0263	0.0016	0.2071
30	通用设备制造业	0.0488	0.0433	0.0026	0.4516
31	专用设备制造业	0.0511	0.0446	0.0000	0.3516
32	交通运输设备制造业	0.0801	0.1297	0.0015	0.9817
33	电气机械及器材制造业	0.0432	0.0306	0.0014	0.2918

续表

序号	行业名称	均值	标准差	最小值	最大值
34	通信设备、计算机及其他电子设备制造业	0.0623	0.0694	0.0024	0.7124
35	仪器仪表及文化、办公用品机械制造业	0.0902	0.1361	0.0015	0.9758
36	工艺品及其他制造业	0.0448	0.0728	0.0009	0.7267
37	废弃资源和废旧材料回收加工业	0.0408	0.0191	0.0111	0.0786
38	电力、热力的生产和供应业	0.0534	0.0382	0.0099	0.2308
39	燃气生产和供应业	0.0293	0.0080	0.0186	0.0403
40	水的生产和供应业	0.0633	0.0298	0.0160	0.1092

第四节　对外贸易影响劳动者租金分享能力的实证检验

虽然，目前对劳动者租金分享能力的影响因素，还没有形成普遍接受的理论框架，但是，单就对外贸易作为一种重要的影响因素，已经达成了共识（Arbache，2004；Harrison，2005；Rayp & Willeme，2010）。因此，本节结合中国企业数据的可获得性，在选择合适控制变量的基础上，就对外贸易对中国劳动者租金分享能力的影响，进行实证检验。

作为因变量的中国劳动者租金分享能力，是依据上一节核算不同行业劳动者租金分享能力的方法，以四位码工业行业为基础，由四位码不同行业、不同年份的具体数值构成。同时，为保证解释变量和因变量取值范围和来源的一致性，及回归操作的可行性，本节选择1998—2007年中国四位码工业行业数据核算其他解释变量。其中，作为主要解释变量的对外贸易采用出口依存度替代。[①] 同时，不同于传统出口依存度的核算，[②] 此处以出口

---

① 相关企业进口数据缺乏，无法核算对外贸易依存度。
② 出口依存度等于出口贸易额除以国内生产总值。

交货值与工业销售总产值的比值核算。解释变量除对外贸易，根据以往研究结论，本节还选择了一些其他控制变量，作为劳动者租金分享能力的潜在影响因素。

一　控制变量的选择说明

产业集中度：测量产业集中度的指标主要是赫芬达尔指数，指的是一个行业中市场竞争主体占行业总收入或总资产百分比的平方和。其核算方法为：$(hindex)_j = \sum \left(\dfrac{VIT_i}{\sum\limits_{i=1}^{n} VIT_i} \right)$，其中，$i$ 表示企业，j 表示四位码工业行业，$(hindex)_j$ 表示行业 j 的赫芬达尔指数，VIT_i 为企业 i 的工业总产值，$\sum\limits_{i=1}^{n} VIT_i$ 表示该企业所在行业的工业总产值。

对于产业集中度与劳动者租金分享能力的关系，目前有两种观点。其一，认为两者之间的具体关系不确定。企业的市场份额越大，越容易通过定价策略，将成本的增加转嫁给消费者，因此，企业往往不太在意成本变动，在租金分享谈判中，较容易接受工会报酬上升要求，表现为劳动者租金分享能力增强。但是，市场集中度的增加同样提高了企业的谈判能力，企业可以分享更多的租金收入。两种力量相反方向，导致结果的不确定性。其二，提出产业集中度越高，企业谈判能力越强，相对而言，劳动者租金分享能力越弱，两者之间呈负相关关系。

产能利用率：在此，产能利用率的核算用企业实际总产值与理论总产值的比值表示，理论总产值运用了计量工具，以拟合值替代。Bughin（1991）提出，产能利用率较低意味着企业的价格加成较小，往往在谈判中态度较为强硬，对租金的占有欲较强，不利于劳动者分享更多的租金收入，反之亦然。因此，根据 Bughin（1991）的观点，产能利用率应与劳动者租金分享能力呈正相关关系。但是，这种观点被 Dumont 等（2006）的研究结论所否定。后者的检验发现产能利用率弱化了劳动者的租金分享能力但不显著。

亏损企业数量：一般认为，企业外部经济环境的优劣，影响企业在租金分享谈判中对于劳动者较高报酬诉请的态度。若行业中企业亏损数量较少，往往意味着企业发展的外部环境较优，劳动者易于获得诉请的成功。反之，亏损企业数量较多，企业的生存环境堪忧，其往往较为在意成本变动，尤其是作为劳动者报酬的成本变动。因而，倾向于压低劳动者的租金分享份额。所以，亏损企业数量与劳动者租金分享能力呈负相关关系。本书中，以利润总额负值为标准核算亏损企业的具体数量。

二　计量方程的设定及说明

根据以上各解释变量的选择进行组合，将基础回归方程设定为以下形式：

$$\beta_{jt} = \alpha_1 \, exp_{jt} + \alpha_2 hid_{jt} + \alpha_3 use_{jt} + \alpha_4 num_{jt} + \lambda_j + \lambda_t + \varepsilon_{jt}$$

$$(5—29)$$

其中，下标 j 和 t 分别表示四位码工业行业及年份，β_{jt} 为劳动者租金分享能力，exp_{jt} 为出口依存度，hid_{jt} 为赫芬达尔指数，use_{jt} 为产能利用率，num_{jt} 为亏损企业数量，λ_j 为行业虚拟变量，λ_t 为时间虚拟变量，ε_{jt} 为误差项。行业虚拟变量用来控制由于行业产品、工种等差异对劳动者租金分享能力产生的影响，时间虚拟变量用来控制诸如利率、政策变动、税收变化等产生的影响。

以上解释变量的描述性统计结果见表5—4：从1998年到2007年484个四位码工业行业数据形成的4463个有效样本点中，核算了各个四位码工业行业的出口依存度、赫芬达尔指数、亏损企业数量及产能利用率。表5—4给出了以四位码工业行业为基准的各个解释变量的均值、标准差、最小值及最大值。

关于方程的估计，还需密切关注自相关和异方差的问题。因为，每个工业行业大都有近10年的观测值，因而误差项可能存在自相关；同时，式（5—29）中的误差项还会受到截面可观测值的影响，因而模型估计中会存在异方差问题。因此本节采用既能处理自相关，又能处理异方差的面板 FGLS 方法进行估计。

表 5—4　　　　　　　　　　　解释变量的描述性统计

	样本数	均值	标准差	最小值	最大值
出口依存度	4463	0.2075	0.2059	0	1
赫芬达尔指数	4463	0.0645	0.1139	0.0009	1
亏损企业数量	4463	84.0908	152.9710	0	2392
产能利用率	4463	0.9974	0.0226	0.6156	1.1503

资料来源：笔者整理计算而成。

三　计量结果说明

由于本节重点考察对外贸易对中国劳动者租金分享能力的影响，为保证结果的稳健性，对式（5—29）的回归采用以出口依存度为基础解释变量，逐个增加解释变量的方法，共产生四个基本计量方程。继而，对每个基本计量方程选择不控制时间和行业虚拟变量，仅控制时间虚拟变量及同时控制时间和行业虚拟变量等三种方法，共计 12 个方程组分别回归，[①] 表 5—5 列出了各项回归的具体结果。

---

① 即 $\beta_{jt} = c + \alpha_1 exp_{jt} + \varepsilon_{jt}$，$\beta_{jt} = c + \alpha_1 exp_{jt} + \lambda_t + \varepsilon_{jt}$，$\beta_{jt} = c + \alpha_1 exp_{jt} + \lambda_j + \lambda_t + \varepsilon_{jt}$，$\beta_{jt} = c + \alpha_1 exp_{jt} + \alpha_2 hid_{jt} + \varepsilon_{jt}$，$\beta_{jt} = c + \alpha_1 exp_{jt} + \alpha_2 hid_{jt} + \lambda_t + \varepsilon_{jt}$，$\beta_{jt} = c + \alpha_1 exp_{jt} + \alpha_2 hid_{jt} + \lambda_j + \lambda_t + \varepsilon_{jt}$，$\beta_{jt} = c + \alpha_1 exp_{jt} + \alpha_2 hid_{jt} + \alpha_3 use_{jt} + \varepsilon_{jt}$，$\beta_{jt} = c + \alpha_1 exp_{jt} + \alpha_2 hid_{jt} + \alpha_3 use_{jt} + \lambda_t + \varepsilon_{jt}$，$\beta_{jt} = c + \alpha_1 exp_{jt} + \alpha_2 hid_{jt} + \alpha_3 use_{jt} + \lambda_j + \lambda_t + \varepsilon_{jt}$，$\beta_{jt} = c + \alpha_1 exp_{jt} + \alpha_2 hid_{jt} + \alpha_3 use_{jt} + \alpha_4 num_{jt} + \varepsilon_{jt}$，$\beta_{jt} = c + \alpha_1 exp_{jt} + \alpha_2 hid_{jt} + \alpha_3 use_{jt} + \alpha_4 num_{jt} + \lambda_t + \varepsilon_{jt}$，$\beta_{jt} = c + \alpha_1 exp_{jt} + \alpha_2 hid_{jt} + \alpha_3 use_{jt} + \alpha_4 num_{jt} + \lambda_j + \lambda_t + \varepsilon_{jt}$，共 12 种计量方程。

其中，表5—5 中（1）显示了模型 $\beta_{jt} = c + \alpha_1 exp_{jt} + \varepsilon_{jt}$ 的计量结果，结果表明出口依存度显著提高中国劳动者租金分享能力，系数为 0.0264，显著性水平为 1%。此结果与 Binmore 等（1986）、Kramarz（2003）、Brock 和 Dobbelaere（2006）的结论完全一致，其原因可能是，出口贸易提高劳动需求的紧张程度，增强了劳动者的租金分享能力。为对这一结果进行稳健性检验，在模型（1）的基础上，逐步增加产业集中度指标（赫芬达尔指数）、产能利用率、亏损企业数量、时间虚拟变量、行业虚拟变量后逐层回归检验，表5—5 中（2）—（12）记录各项检验结果，结果显示出口依存度系数依然为正，且变化微小，显著性水平均为 1%，说明出口贸易显著提高中国劳动者租金分享能力的结论非常稳健，同时，Wald 统计量表明方程均显著成立。表5—5 的检验结果从另一个侧面印证 Rodrik（1997）、Slaughter（2001）、Harrison（2005）、Mitra 等（2007）关于国际贸易尤其是南北贸易导致劳动需求弹性变大，引发发达国家劳动者租金分享能力下降的判断。

表5—5 中模型（4）—（12）说明了其他解释变量的检验结果。其中，中国企业的产业集中度与劳动者租金分享能力呈负相关关系，且显著性水平均达到 1%。产业集中度越高，表明企业自身的谈判能力越强，劳动者的租金分享能力越弱，此结论与 Bughin（1991）等判断一致；行业中亏损企业数量越多，企业生存的外部环境越恶劣，越不利于劳动者分享租金，模型（10）—（12）验证了此观点；但就产能利用率而言，若计量方程中加入行业虚拟变量，则系数由显著为负，变为正且不显著，即产能利用率由显著弱化劳动者租金分享能力变为增强，但不显著，说明这一结果不稳健，这一结论也与 Brock 和 Dobbelaere（2006）相一致。

表5—5

计量结果：对外贸易对中国劳动者租金分享能力的影响

	(1)	(2)	(3)	(4)	(5)	(6)	(7)	(8)	(9)	(10)	(11)	(12)
常数项	0.0307*** (0.001)	0.0346*** (0.001)	0.1028** (0.049)	0.0435*** (0.001)	0.0491*** (0.002)	0.1051** (0.049)	0.1411*** (0.031)	0.1643*** (0.040)	0.1018*** (0.054)	0.1446*** (0.032)	0.1678*** (0.041)	0.1257*** (0.195)
出口依存度	0.0264*** (0.002)	0.0259*** (0.002)	0.0193*** (0.004)	-0.0170*** (0.004)	0.0168*** (0.004)	0.0270*** (0.005)	0.0159*** (0.005)	0.0173*** (0.004)	0.0269*** (0.005)	0.0156*** (0.005)	0.0166*** (0.004)	0.0545*** (0.05)
赫芬达尔指数				-0.1267*** (0.020)	-0.1333*** (0.019)	-0.1186*** (0.015)	-0.1350*** (0.019)	-0.1446*** (0.019)	-0.1187*** (0.014)	-0.1289*** (0.020)	-0.1409*** (0.02)	-0.3827*** (0.078)
产能利用率							-0.0978*** (0.031)	-0.1137*** (0.040)	0.0033 (0.023)	-0.1003*** (0.032)	-0.1153*** (0.04)	0.0030 (0.182)
亏损企业数量										-0.0001*** (0.000)	-0.0001*** (0.000)	-0.0001*** (0.000)
Year99		0.0010 (0.001)	-0.0008 (0.001)		-0.0018 (0.002)	-0.0011 (0.001)		-0.0031* (0.002)	-0.0011 (0.001)		-0.0034* (0.002)	-0.0065* (0.016)
Year00		-0.0068*** (0.002)	-0.0056*** (0.001)		-0.0063*** (0.002)	-0.0057*** (0.001)		-0.0078*** (0.002)	-0.0056*** (0.001)		-0.0081*** (0.002)	-0.0348*** (0.016)
Year01		0.0041** (0.002)	0.0040*** (0.001)		0.0027 (0.002)	0.0035*** (0.001)		-0.0001 (0.002)	0.0035*** (0.001)		-0.0003 (0.002)	0.0033 (0.016)
Year02		-0.0052*** (0.002)	-0.0017 (0.001)		-0.0078*** (0.002)	-0.0028** (0.001)		-0.0100*** (0.002)	-0.0027*** (0.001)		-0.0101*** (0.002)	0.0003*** (0.016)
Year03		-0.0048*** (0.002)	-0.0048*** (0.001)		-0.0079*** (0.002)	-0.0059*** (0.001)		-0.0109*** (0.002)	-0.0059*** (0.001)		-0.0110*** (0.002)	-0.0115*** (0.016)
Year04		-0.0067*** (0.002)	-0.0070*** (0.001)		-0.0106*** (0.002)	-0.0091*** (0.001)		-0.0129*** (0.002)	-0.0091*** (0.001)		-0.0120*** (0.002)	-0.0191*** (0.016)
Year05		-0.0085*** (0.002)	-0.0092*** (0.001)		-0.0136*** (0.002)	-0.0111*** (0.001)		-0.0147*** (0.002)	-0.0110*** (0.001)		-0.0143*** (0.002)	-0.0203*** (0.016)
Year06		-0.0120*** (0.002)	-0.0102*** (0.001)		-0.0165*** (0.002)	-0.0133*** (0.001)		-0.0187*** (0.002)	-0.0133*** (0.001)		-0.0185*** (0.002)	-0.0255*** (0.016)
Year07		-0.0116*** (0.002)	-0.0063*** (0.001)		-0.0169*** (0.002)	-0.0090*** (0.001)		-0.0171*** (0.002)	-0.0090*** (0.001)		-0.0176*** (0.002)	-0.0084*** (0.016)
行业虚拟变量	未控制	未控制	控制	未控制	未控制	控制	未控制	未控制	控制	未控制	未控制	控制
Wald统计量	1210.72	3450.47	45860.95	490.73	1950.21	4540.69	640.79	2120.90	4473	60.15	210.1	26920.02
样本个数	4447	4447	4447	4447	4447	4447	4447	4447	4447	4447	4447	4447

注：***、**、* 分别表示在1%、5%、10%水平上显著，括号内数值为估计系数的标准差。

第五节　小结

本章基于租金分享谈判模型，将劳动收入份额划分为两个部分：一是竞争性收入份额 $\dfrac{\varepsilon_{Q,L}}{u}$，其中，$\varepsilon_{Q,L}$ 表示产出弹性，u 表示企业价格加成。该收入份额的核算依据是劳动边际产品收益；其二是租金收入份额 $\beta\left(1-\dfrac{\varepsilon_{QL}}{u}\right)$，其中，$\beta$ 表示劳动者租金分享能力。该部分是劳动者凭借其租金分享能力，在与企业租金分享谈判中获得的份额。由租金分享份额的公式：$\beta\left(1-\dfrac{\varepsilon_{QL}}{u}\right)$，可以直接判断，租金收入份额随着劳动者租金分享能力的增强而上升，随着租金分享能力的减弱而下降，两者正向关联。

因此，分析对外贸易通过租金分享渠道影响劳动收入份额的关键，是计算出劳动者租金分享能力。Bughin（1993，1996）的研究，证明了劳动者租金分享能力可以通过生产函数进行有效估算，为租金分享框架中劳动者租金分享能力的测算提供了理论支撑。在 Brock 和 Dobbelaere（2006）、Dumont 等（2006）研究基础上，本章利用 1998—2007 年中国工业行业 1995520 家企业数据，对中国劳动者租金分享能力进行了详细的核算。

首先，计算了宏观层面的中国劳动者租金分享能力。结果发现，从企业数据显示，中国劳动者具有一定的租金分享能力（约为 0.029），更为重要的是，数据显示这种能力十分薄弱。因而，中国劳动者与企业之间的租金分享谈判是明显的非对称纳什均衡谈判，劳动者的谈判能力远远低于 0.5，仍有很大的上升空间。

其次，计算中国 40 个二位码工业行业的劳动者租金分享能力。结果发现，虽然不同行业劳动者的谈判能力具有一定的差异，但更为明显的特征是，中国所有行业的劳动者租金分享能力都较弱。从均值上看，超过 0.1 的只有木材及竹运采运业，即使从最大值上看，超过 0.5 的也只有 8 个二位码工业行业。

在测算出中国劳动者租金分享能力后，本书的重点是判断中国对外贸易对此的影响。发达国家的相关研究均指出，对外贸易的发展，使得国内劳动与国外劳动的替代更加便捷，降低了发达国家的劳动者租金分享能力。那么，中国是否如此呢？为保证检验的有效性，此处中国劳动者租金分享能力，取自四位码工业行业的数值，同时，鉴于企业数据的可获得性，以出口依存度替代对外贸易，检验了中国对外贸易对劳动者租金分享能力的影响。结果显示，对外贸易显著提高了劳动者租金分享能力，且结论十分稳健。

因此，单就对外贸易的租金分享途径，可以判断，对外贸易有助于提高中国劳动收入份额。为更好地实现"提高劳动报酬在初次分配中比重"的目标，在促进进出口平衡发展总体对外贸易战略下，绝不可忽视出口贸易对中国劳动收入份额的有效促进作用。

第六章　对外贸易、技术进步与中国劳动收入份额

　　技术进步对要素收入分配的影响，随着实践的发展，在诸多方面得以重新界定和认知。首先，就技术进步对要素收入分配稳定性的影响，经历了从不相关到保证因素的变化。其中，在文献综述中提到柯布—道格拉斯生产函数（后简称为 C－D 生产函数）。C－D 生产函数不仅证实了要素收入分配在长期内稳定性的事实，同时还进一步强调了技术进步不改变要素收入分配格局。正是由于 C－D 生产函数的广泛运用，后续很多研究直接假设技术进步为中性，不影响要素收入分配的稳定性。然而，近期的大量研究成果却得出了相反的结论，强调正是由于劳动增强型技术进步，才保证了要素收入份额在 20 世纪 80 年代之前的长期稳定（Kiley，1999；Acemoglu & Zilibotti，2001）。

　　其次，技术进步不仅保障了劳动收入份额，在 20 世纪 80 年代之前的长期稳定，更为重要的是，技术进步是 80 年代之后，劳动收入份额变动的影响因素之一。出现这种突变的主要原因在于，以 80 年代为界，技术进步方向发生了改变。之前，劳动增强型技术进步保证了要素收入分配的稳定性，之后，资本偏向型技术进步改变了现有的要素收入分配格局。于是便产生了这样的疑问：技术进步方向与要素收入分配之间的关系究竟如何？劳动增强型技术进步为何与资本偏向型技术进步对劳动收入份额产生了不同的影响，两者之间有什么关联？是什么主要因素引发了资

本偏向型技术进步？

实际上，对于技术进步产生的原因，学术界早有论述。部分学者①指出，技术进步的动力是生产要素的相对价格变化，倾向于减少价格相对较高的要素在生产中的使用量。而工资的增加，导致了劳动要素相对价格的上升，因此，为了节约成本，减少劳动在生产中的使用量，产生了劳动增强型技术进步。但是，这些关于技术进步的研究缺乏微观基础，因而，导致其长期不被关注，研究成果也甚少。直至近期 Acemoglu 等系列研究的出现，为技术进步及要素偏向型技术进步树立了坚实的微观基础。

相对于技术进步本身，Acemoglu 等提出，研究国际贸易引发了要素偏向型技术进步，继而对规模性收入分配产生的影响，可能更为重要。本章在 Acemoglu 等思想基础上，进一步立足于要素偏向型技术进步，研究对外贸易通过技术进步对功能性收入分配产生的影响。

本章后续内容安排如下：第一节对技术进步方向进行界定，通过逐级分析，厘清中性技术进步、劳动增强型技术进步、资本偏向型技术进步之间的区别与联系。第二节分析对外贸易对技术进步的影响，并建立要素偏向型技术进步与劳动收入份额的理论框架。从理论上界定要素偏向型技术进步，对劳动收入份额变动的影响。第三节选取 1995—2011 年中国省际面板数据，对该理论模型进行实证检验。最后一节是全章内容的小结。

第一节　技术进步

本质上，生产函数描述了投入要素与产出量之间的技术关系，因此在生产函数模型中，一般会引入技术进步。同时，技术进步有狭义和广义的区分，其中，所谓狭义的技术进步，仅指要

---

① 如 Hick（1932）、Fellner（1961）等。

素质量的提高。例如，性能改进导致的同样数量资本在生产中的贡献不一样；文化素质提高导致的同样数量劳动在生产中的贡献不一样，等等。这种技术进步可以通过要素的"等价数量"来诠释，主要有成本导向定义和产出导向定义两种不同的表达方式，前者指以更少的要素投入提供相同的产出，后者指以相同的投入生产更多的产出。表达虽有区别，但含义相同，均表明了同样的投入要素组合，在不同的技术条件下，产出可能有所区别。相对于狭义技术进步，广义的技术进步则更进一步，除要素质量的提高外，还包括管理水平等独立于生产要素之外的，对产出产生改善作用的重要影响因素。

本章的技术进步，指狭义技术进步。本节主要对涉及技术进步的相关概念进行界定，重点强调要素偏向型技术进步及其与要素增强型技术进步的关联。

一 中性技术进步

中性技术进步指各要素的产出弹性同步变化，因而，中性技术进步不改变要素收入份额。由其定义可知，要正确理解中性技术进步，首先必须明确产出弹性的概念。所谓产出弹性，指当其他所有投入要素量保持不变时，一种投入要素量变动 1/100，导致的产量变动百分比，表明在生产中，产量变动对生产要素投入量变动的敏感程度。

假设除技术外，生产产品只需资本（K）和劳动（L）两种投入要素。E 为产出弹性，Y、$\triangle Y$ 分别为总产量和总产量的增量，$\triangle L$、$\triangle K$ 分别为劳动增量及资本增量，MP_L、MP_K 分别为劳动和资本的边际产量，AP_L、AP_K 分别为劳动和资本的平均产量。根据产出弹性的定义可知：劳动的产出弹性（E_L）、资本的产出弹性（E_K）、劳动和资本产出弹性之比（ω）的表达式分别为：

$$E_L = \frac{\triangle Y}{Y} \div \frac{\triangle L}{L} = \frac{\triangle Y}{\triangle L} \div \frac{L}{Y} = \frac{MP_L}{AP_L}$$

$$E_K = \frac{\Delta Y}{Y} \div \frac{\Delta K}{K} = \frac{\Delta Y}{\Delta K} \div \frac{K}{Y} = \frac{MP_K}{AP_K}$$

$$\omega = \frac{E_L}{E_K}$$

如果技术进步前后，ω 不变，由 ω 表达式可知，劳动产出弹性与资本产出弹性同向且同步变化，此即为中性技术进步。其中，希克斯中性技术进步，强调的前提是要素之比 $\frac{K}{L}$ 不随时间的变化而变化；索洛中性技术进步，强调的前提是劳动产出率 $\frac{L}{Y}$ 不随时间的变化而变化；哈罗德中性技术进步，强调的前提是资本产出率 $\frac{K}{Y}$ 不随时间的变化而变化。正是由于中性技术进步意味着要素产出弹性的同步变动，因而，该技术进步不影响要素收入分配，不会导致劳动收入份额的变动。

二 要素增强型技术进步

不同于中性技术进步，要素增强型技术进步意味着要素生产效率的提高，分为劳动增强型和资本增强型两种技术进步形式。其中，劳动增强型技术进步，表明在生产中只需更少的劳动投入，就可获得相同的产出，表现为劳动效率的提高。同样，资本增强型技术进步，表明只需更少的资本投入，却可获得相同的产出效果，表现为资本效率的提高。具体而言，设生产函数为 $F(L,K,A)$，其中，L 为劳动，K 为资本，A 为技术。若满足 $\frac{\partial F}{\partial A} = \frac{L}{A}\frac{\partial F}{\partial L}$，则为劳动增强型技术进步；若满足 $\frac{\partial F}{\partial A} = \frac{K}{A}\frac{\partial F}{\partial K}$，则为资本增强型技术进步。

最常见的包含要素增强型技术进步的生产函数形式为：$F = (A_L L, A_K K)$，其中，A_L、A_K 分别为劳动增强型技术进步、资本增强型技术进步。戴天仕和徐现祥（2010）在研究中国技术进步方向时，以 CES 生产函数为基础，核算出 A_L 和 A_K 的具体表达式：

$$A_L = \frac{Y}{L}\left[\frac{wL}{(1-\alpha)(wL+rK)}\right]^{\frac{\sigma}{\sigma-1}} = \frac{Y}{L}\left(\frac{S_L}{1-\alpha}\right)^{\frac{\sigma}{\sigma-1}}$$

$$A_K = \frac{Y}{K}\left[\frac{wL}{\alpha(wL+rK)}\right]^{\frac{\sigma}{\sigma-1}} = \frac{Y}{K}\left(\frac{S_K}{\alpha}\right)^{\frac{\sigma}{\sigma-1}}$$

其中，α、σ、w、r、S_L、S_K 分别表示分配系数、劳动资本替代弹性、劳动回报率、资本回报率、劳动收入份额、资本收入份额。

要素增强型技术进步与要素偏向型技术进步，是两组易混淆却完全不同的概念，两者之间不存在严密的对应关系。如劳动增强型技术进步并不对等于劳动偏向型技术进步，同样，资本增强型技术进步也并不意味着资本偏向型技术进步，两者之间的关系判断还需界定要素替代弹性（σ）的大小。因为，劳动增强型技术进步，不仅意味着劳动边际产出的增加，同时也意味着资本边际产出的增加。当然，资本增强型技术进步，也会导致资本边际产出与劳动边际产出的同时增加，至于究竟是劳动还是资本的边际产出提高得更多或是更少，取决于资本与劳动的替代弹性（σ）与单位替代弹性的比较。

三　要素偏向型技术进步

要素偏向型技术进步是与要素边际产品比值相关的概念，分为劳动偏向型和资本偏向型技术进步两种形式。其中，前者指技术进步使劳动的边际产品比资本的边际产品增加得更多，满足 $\dfrac{\partial \frac{\partial F/\partial L}{\partial F/\partial K}}{\partial A} > 0$；后者指技术进步使资本的边际产品比劳动的边际产品增加得更多，满足 $\dfrac{\partial \frac{\partial F/\partial K}{\partial F/\partial L}}{\partial A} > 0$。由定义可以初步判断，要素偏向型技术进步与要素增强型技术进步的差异体现在，前者涉及要素边际产品，而后者直指要素生产效率。

为更清楚地说明两者之间的关联，在此，以 CES 生产函数为基础，设生产函数 Y 为：

$$Y = [\delta_1 (A_L L)^{\frac{\sigma-1}{\sigma}} + \delta_2 (A_K K)^{\frac{\sigma-1}{\sigma}}]^{\frac{\sigma}{\sigma-1}} \tag{6—1}$$

其中，L、K 分别为劳动要素和资本要素投入量，A_L、A_K 分别为劳动增强型技术进步和资本增强型技术进步，δ_1 和 δ_2 为分配系数，满足 $0 < \delta_1 < 1$，$0 < \delta_2 < 1$，且 $\delta_1 + \delta_2 = 1$，σ 为劳动与资本要素替代弹性。

根据生产函数的定义，可知：当 $\sigma = 1$，CES 生产函数退化为 C－D 生产函数；当 $\sigma = 0$，CES 生产函数退化为里昂惕夫生产函数；$\sigma > 1$ 表明资本和劳动在生产中相互替代；$\sigma < 1$ 表明资本和劳动在生产中互补。根据式（6—1），可求得资本和劳动的边际产品之比（$\frac{MP_K}{MP_L}$）为：

$$\frac{MP_K}{MP_L} = \frac{\partial Y / \partial K}{\partial Y / \partial L} = \frac{\delta_2}{\delta_1} \left(\frac{A_K}{A_L}\right)^{\frac{\sigma-1}{\sigma}} \left(\frac{K}{L}\right)^{-\frac{1}{\sigma}} \tag{6—2}$$

式（6—2）直观可以得出三种结论：首先，$\frac{MP_K}{MP_L}$ 与 $\frac{K}{L}$ 负相关，$\frac{MP_K}{MP_L}$ 随着 $\frac{K}{L}$ 的增加而减少，随着 $\frac{K}{L}$ 的减少而增加；其次，当 $\sigma > 1$ 时，$\frac{MP_K}{MP_L}$ 与 $\frac{A_K}{A_L}$ 正相关，$\frac{MP_K}{MP_L}$ 随着 $\frac{A_K}{A_L}$ 的上升而增加，随着 $\frac{A_K}{A_L}$ 的下降而减少；最后，当 $\sigma < 1$ 时，$\frac{MP_K}{MP_L}$ 与 $\frac{A_K}{A_L}$ 负相关，$\frac{MP_K}{MP_L}$ 随着 $\frac{A_K}{A_L}$ 的下降而增加，随着 $\frac{A_K}{A_L}$ 的上升而减少。

第一个结论印证了边际收益递减规律，即随着资本相对丰裕度的增加，资本相对边际产品将减少。而第二个结论和第三个结论则表明了要素偏向型技术进步与要素增强型技术进步的关联与要素替代弹性 σ 密切相关。若劳动与资本在生产中互为替代（$\sigma > 1$），则相对资本增强型技术进步就是资本偏向型技术进步，相对劳动增强型技术进步即为劳动偏向型技术进步，两者的判断结论具有一致性；若劳动与资本在生产中互补（$\sigma < 1$），那么，相对资本增强型技术进步表现为劳动偏向型，而相对劳动增强型技术进步则表现为资本偏向型，两者的判断结论不再一致。若 $\sigma = 1$，CES 生产函数退化为 C–D 生产函数，技术进步不偏向任何要素，为中性技术进步。

因而在判断中，不能将要素增强型技术进步对等于该要素偏向型技术进步，两者之间还横亘着要素替代弹性。当然，式（6—2）同时表明，无论要素替代弹性的大小，$\left(\dfrac{A_K}{A_L}\right)^{\frac{\sigma-1}{\sigma}}$ 的增加总对应着资本偏向型技术进步，$\left(\dfrac{A_L}{A_K}\right)^{\frac{\sigma-1}{\sigma}}$ 的增加总意味着劳动偏向型技术进步。究其根本原因，在于 $\dfrac{A_K}{A_L}$ 只是代表了要素的相对效率，而不是要素的相对边际产品价值。

第二节　对外贸易影响要素份额的技术进步机制

对外贸易加剧了竞争的激烈程度，势必引发技术进步。发达国家作为主要的技术创新国，无论是出于"防御性"目的，还是基于成本收益考虑，其技术进步的最优选择，都倾向于资本偏向型。同时，发展中国家作为主要的技术引进和模仿国，这种实现技术进步的方式，导致其与发达国家的技术进步方向一致，也倾向于资本偏向型。继而，资本偏向型技术进步必然引发各国劳动收入份额的下降。

一　对外贸易影响技术进步的主要渠道

无论是由于企业竞争压力的加大，还是为了获得更多的盈利目标，抑或是占有更大份额的市场，国际贸易的发展都势必引发企业实现技术进步。在此过程中，企业实现技术进步的渠道主要有两种：被动的"干中学"和主动的技术创新与研发。

（一）被动的"干中学"

"干中学"是一种"技术外溢"。一般而言，"干中学"获得的技术进步是已经存在的先进技术，这种技术传播只是表明，技术创新国通过对外贸易将先进技术自然输出到其他国家。Coe 和 Helpman（1995）提出国际贸易的技术溢出效应，是通过进口和出口实现的。其中，进口实现的技术溢出表现在两个方面：进口种类效应和进口数量效应。前者强调，一国选择从技术水平越高的国家进口，则该国技术进步的增长速度越快；后者认为进口商品数量越多，进口商品中体现的技术进步也越多。因此，当进口构成给定后，一国进口数量越大，其技术进步的增长速度也越快。出口实现的技术溢出主要指，企业能通过出口获得较大学习效应，取得相应技术进步。表现在出口企业通过消化吸收外国消费者提出的建议，而实现的技术进步，这些建议包括改进制造工业、产品设计和产品质量等方面。

（二）主动的技术创新与研发

与被动的"干中学"相比，主动的技术创新与研发需要大量投资，成本较高。而企业的本质是营利性组织，创新企业也不例外。因此，只有保证与创新相关的投资能获利，企业才会去研制新技术。正是基于企业创新的成本收益分析，Acemoglu 等才得以为对外贸易引发资本偏向型技术进步，提供坚实的微观理论基础。

与"技术溢出"类似，国际贸易对技术创新的促进机制，也是通过进口和出口予以实现的，主要表现在进、出口竞争效应上。因为市场竞争会导致企业优胜劣汰，因此，无效率的企业面对更加激烈的国际竞争市场，将被迫从市场中逐步淘汰。迫于生存压力，微观主体在竞争加剧的进、出口市场，只能加大研发投资、购买新的机器设备等，通过一系列的创新活动来应对外部压力，继而，实现技术创新带来的竞争优势。

无论是被动的"干中学"，还是主动的技术创新与研发，研究表明技术进步都较为一致地表现为资本偏向性特征。由此，也引发了这样的疑问，国际贸易为各国企业带来更广阔市场的同时，为何会引发企业实现资本偏向型的技术进步？

二 对外贸易引发资本偏向型技术进步的主要原因

众多学者利用各发达国家数据及发展中国家数据进行的实证检验，都表明资本偏向型技术进步特征越来越明显（Klump et al.，2007；Klump et al.，2008；David et al.，2008；Sato & Morita，2009；Ripatti & Vilmunen，2001；张莉等，2012）。作为技术引进和模仿的发展中大国，中国的技术进步方向同样表现为资本偏向性，而且偏向资本的速度越来越快（黄先海和徐圣，2009；戴天仕和徐现祥，2010；傅晓霞和吴利学，2013）。

20世纪80年代以来，国际贸易取得了迅猛的发展，同时技术进步也从劳动增强型转变为资本偏向型，一般研究认为，对外贸易引发资本偏向型技术进步的主要原因在于：第一，资本偏向型技术进步是发达国家面对南北贸易的内生反映；第二，资本偏向型技术进步是国际贸易引发的"价格效应"的必然结果。

（一）"防御性"创新

"防御性"创新观点建立在要素禀赋论的基础上，由 Wood 提出，经 Thoening、Verdier 等完善。在文献综述部分提到，要素禀赋论认为要素禀赋差异是国际贸易的基础。因而，在南北贸易中，南方国家生产并出口劳动密集型产品，北方国家生产并出口资本密集型产品。北方国家面对南方国家的劳动力价格优势，只有采用技术创新来实现或扩大其竞争优势，此技术创新被 Wood 等称为"防御性"创新。

而资本偏向型技术进步，正是发达国家企业在南北贸易中，面对发达国家和发展中国家不同知识产权保护政策的最优策略选择。众所周知，发达国家与发展中国家对知识产权的保护程度存在巨大差异，一般认为，前者往往给予知识产权充分保护，后者则知识产权意识淡薄。因而，发展中国家国内几乎不保护知识产权或保护措施很不得力，这样技术模仿在其国内普遍存在。正是基于这种现实状况，作为营利性组织的发达国家企业，为实现利润最大化目标，通常选择内生偏向型技术进步。因为，企业在推动技术进步过程中，存在引发技术偏向的选择可能性。例如，假设新技术可以降低劳动密集型产品生产成本，那么，究竟选择何种技术进步方式，存在着利益的博弈。若采用中性技术进步，则意味着部门生产要素密集性不发生变化，劳动密集型产品的比较优势，仍属于发展中国家。同时，发展中国家知识产权保护不力，该技术进步给创新企业带来的利润有限。但是，若采用资本偏向型技术进步，则不仅会降低生产成本，同时也会提升部门资本密集度，甚至有可能改变产品的要素密集性，在竞争中有利于发达国家。更为重要的是，发达国家的知识产权保护较为严密，技术不易被模仿，因此，对于企业而言，在成本相同的前提下，资本偏向型技术进步能够产生最大的收益。

（二）价格效应

对外贸易导致的技术进步最终偏向哪一种要素，取决于价格效应和市场规模效应这两种相反力量的博弈。前者意味着技术进步将偏向价格上升的要素，后者则表明技术进步将偏向价格下降的要素，究竟谁代表了技术进步的最终方向，取决于替代弹性。当替代弹性小于1时，价格效应大于市场规模效应，技术进步偏向价格相对上升的要素；反之，当替代弹性大于1，市场规模效应大于价格效应，技术进步偏向价格相对下降的要素（Acemoglu, 2001；Acemoglu, 2002）。

为明确起见，设 Y 为 CES 生产函数，具体见式（6—1），劳

动报酬为 w，资本报酬为 r，δ_1、δ_2、A_L、A_K、L、K、σ 的界定如前。由 CES 生产函数，可求得两种要素的相对价格（P）为：

$$P = \frac{w}{r} = \frac{\partial\ Y/\partial\ L}{\partial\ Y/\partial\ K} = \frac{\delta_1}{\delta_2}\left(\frac{A_L}{A_K}\right)^{\frac{\sigma-1}{\sigma}}\left(\frac{L}{K}\right)^{-\frac{1}{\sigma}} \tag{6—3}$$

假设世界上只有两个国家：A 国和 B 国，两国要素禀赋各不同。其中，A 国为资本丰裕型国家，B 国为劳动丰裕型国家。两国之间开展自由贸易，贸易后，世界范围内的劳动数量为 L_W，资本数量为 K_W。则可以判断，对外贸易后劳动与资本的世界相对价格 P' 为：

$$P' = \frac{w'}{r'} = \frac{\partial\ Y/\partial\ L_W}{\partial\ Y/\partial\ K_W} = \frac{\delta_1}{\delta 2}\left(\frac{A'_L}{A'_K}\right)^{\frac{\sigma-1}{\sigma}}\left[\left(\frac{L}{K}\right)_W\right]^{-\frac{1}{\sigma}} \tag{6—4}$$

其中，w' 和 r' 分别表示世界劳动和资本平均价格。同时，与式（6—3）中 $\frac{A_L}{A_K}$ 不同，式（6—4）用 $\frac{A'_L}{A'_K}$ 替代 $\frac{A_L}{A_K}$，表明国际贸易导致技术进步与贸易前有所区别。进而，由假设条件，可知，A、B 两国国内的劳动资本比，满足条件（6—5）：

$$\left(\frac{L}{K}\right)_B > \left(\frac{L}{K}\right)_A \tag{6—5}$$

因此，贸易后，世界范围内的劳动资本比，满足条件（6—6）：

$$\left(\frac{L}{K}\right)_W = \frac{L_A + L_B}{K_A + K_B} > \left(\frac{L}{K}\right)_A \tag{6—6}$$

在此，设：

$$\left(\frac{L}{K}\right)_W = \lambda\left(\frac{L}{K}\right)_A \tag{6—7}$$

其中，$\lambda > 1$，将式（6—7）代入式（6—4）中，可得：

$$P' = \frac{w'}{r'} = \frac{\partial\ Y/\partial\ L_W}{\partial\ Y/\partial\ K_W} = \frac{\delta_1}{\delta 2}\left(\frac{A'_L}{A'_K}\right)^{\frac{\sigma-1}{\sigma}}\left[\lambda\left(\frac{L}{K}\right)_A\right]^{-\frac{1}{\sigma}} \tag{6—8}$$

根据 Thoening 和 Verdier（2000）、Acemoglu 等界定，假设资本丰裕型国家（A 国）对知识产权完全保护，劳动丰裕型国家

（B 国）相应缺乏保护①。由 Acemoglu（2001）结论可知，B 国知识产权保护意识淡薄，因此，A、B 两国的贸易不影响 A 国企业的知识产权结构，技术进步的市场规模对其而言，并没有太大变化，因而，技术进步的市场规模效应未变。

但是，由式（6—3）和式（6—8）的比较可知，要素相对价格改变。这也可以直接根据要素禀赋理论得出，要素禀赋理论指出，对外贸易导致发达国家资本要素价格上升、劳动要素价格下降。因此，价格效应将导致技术进步偏向价格相对上升的要素。由此可以判断，国际贸易最终使得技术进步偏向资本要素。当然，资本偏向型技术进步，往往更加符合发达国家的利益，发展中国家通过引进实现的资本偏向型技术进步可能与本国需求不相适应（Gancia & Bonfiglioli，2008）。

三 要素偏向型技术进步与劳动收入份额

国际贸易引发了要素偏向型技术进步，必然会对要素收入分配结果产生影响。因为，要素偏向型技术进步的实质，表明了该技术进步有助于提高要素相对边际产出，而要素相对边际产出是要素相对价格的决定因素之一，与要素收入份额紧密相连。具体而言，若国际贸易引发资本偏向型技术进步，则会相对降低劳动收入份额；反之，若国际贸易引发劳动偏向型技术进步，则会相对提高劳动收入份额。

为更清楚地考察要素偏向型技术进步对劳动收入份额的影响，如前设定，生产函数为 CES 形式：$Y = [\delta_1 (A_L L)^{\frac{\sigma-1}{\sigma}} + \delta_2 (A_K K)^{\frac{\sigma-1}{\sigma}}]^{\frac{\sigma}{\sigma-1}}$。且劳动力价格为 w，资本回报率为 r，则根据生产函数形式，可求得：劳动收入份额（S_L）与资本收入份额（S_K）之比（劳动的相对收入份额）为：

---

① 这是一个符合实际的假设。

$$\frac{S_L}{S_K} = \frac{wL}{rK} = \frac{MP_L L}{MP_K K} = \frac{\delta_1}{\delta_2} \left(\frac{A_L}{A_K}\right)^{\frac{\sigma-1}{\sigma}} \left(\frac{L}{K}\right)^{-\frac{1}{\sigma}} \frac{L}{K} = \frac{\delta_1}{\delta_2} \left(\frac{A_L L}{A_K K}\right)^{\frac{\sigma-1}{\sigma}}$$

$$= \frac{\delta_1}{\delta_2} \left(\frac{A_L}{A_K}\right)^{\frac{\sigma-1}{\sigma}} \left(\frac{L}{K}\right)^{\frac{\sigma-1}{\sigma}} \tag{6—9}$$

式（6—9）直接给出了劳动相对收入份额与技术进步方向的两点关系：首先，劳动相对收入份额（$\frac{S_L}{S_K}$）与劳动相对效率（$\frac{A_L}{A_K}$）的关系，取决于替代弹性的大小。其中，若 $\sigma < 1$，$\frac{A_L}{A_K}$ 上升，则 $\frac{S_L}{S_K}$ 下降。反之，$\frac{A_L}{A_K}$ 下降，则 $\frac{S_L}{S_K}$ 上升，两者呈反向变动关系；若 $\sigma > 1$，$\frac{A_L}{A_K}$ 上升，则 $\frac{S_L}{S_K}$ 提高。反之，$\frac{A_L}{A_K}$ 减小，则 $\frac{S_L}{S_K}$ 下降，两者呈正向变动关系。其次，无论 σ 是否大于 1，只要 $\left(\frac{A_L}{A_K}\right)^{\frac{\sigma-1}{\sigma}}$ 上升，劳动相对收入份额将提高；反之，只要 $\left(\frac{A_L}{A_K}\right)^{\frac{\sigma-1}{\sigma}}$ 下降，劳动相对收入份额将减少，两者呈正向变动关系。

进一步，根据要素偏向型技术进步定义，或由公式（8—2）可知：首先，当 $\sigma < 1$ 时，$\frac{A_L}{A_K}$ 上升时，$\frac{MP_K}{MP_L}$ 将增加，此时技术进步为资本偏向型；但是，若 $\frac{A_L}{A_K}$ 减少，$\frac{MP_K}{MP_L}$ 将减少，此时技术进步为劳动偏向型。当 $\sigma > 1$ 时，$\frac{A_L}{A_K}$ 上升时，$\frac{MP_K}{MP_L}$ 将减少，此时技术进步为劳动偏向型；但是，若 $\frac{A_L}{A_K}$ 减少，$\frac{MP_K}{MP_L}$ 将增加，此时技术进步为资本偏向型。其次，从公式中可以简单地得出结论，由于 $\left(\frac{A_K}{A_L}\right)^{\frac{\sigma-1}{\sigma}}$ 与 $\left(\frac{A_L}{A_K}\right)^{\frac{\sigma-1}{\sigma}}$ 两者的变动方向相反，因此，只要 $\left(\frac{A_L}{A_K}\right)^{\frac{\sigma-1}{\sigma}}$ 下降则意味着

资本偏向型技术进步，$\left(\dfrac{A_L}{A_K}\right)^{\frac{\sigma-1}{\sigma}}$ 上升则对应着劳动偏向型技术进步。

　　结合技术进步方向的判断及其与要素收入分配关系的结论，可知：首先，要素增强型技术进步与该要素在收入分配中的地位变动，取决于要素替代弹性的大小，两者之间没有必然的对应关系；其次，要素偏向型技术进步决定了该要素在收入分配中的地位变动，两者具有一致性。如，若技术进步为资本偏向型，则资本收入份额将提高；若技术进步为劳动偏向型，则劳动收入份额将上升。

第三节　实证检验

　　无论是出于"防御性"考虑，还是技术创新的成本收益比较；无论样本是发达国家，还是发展中国家，国际贸易引发资本偏向型技术进步，继而导致了劳动收入份额的下降，已经得到众多学者的验证。

　　中国作为最大的发展中国家，技术进步主要依赖进、出口贸易实现的"干中学"或技术引进与模仿。那么，这种技术进步方式，是否会导致中国技术进步方向与发达国家或其他发展中国家相似，为资本偏向型技术进步？对这一问题，黄先海和徐圣（2009）、戴天仕和徐现祥（2010）、傅晓霞和吴利学（2013）等已经做出回答。他们都认为中国技术进步偏向资本要素，且特征越来越明显。同时，根据上一节的理论模型可知，资本偏向型技术进步将导致中国劳动收入份额下降，事实是否如此？本节利用中国省际面板数据，在张莉等（2012）研究基础上，就国际贸易通过技术进步对中国劳动收入份额的影响进行实证检验。

一　计量方程的设定

　　如前所设，生产函数为 CES 形式，式（6—9）列出相对劳动收入份额的表达式，对其取对数可得：

$$\ln\left(\frac{S_L}{S_K}\right) = \ln\left(\frac{\delta_1}{\delta_2}\right) + \left(\frac{\sigma-1}{\sigma}\right)\ln\left(\frac{A_L}{A_K}\right) + \left(\frac{\sigma-1}{\sigma}\right)\ln\left(\frac{L}{K}\right) \qquad (6—10)$$

其中，要素偏向型技术进步在式（6—10）中以 $\left(\frac{\sigma-1}{\sigma}\right)$ $\ln\left(\frac{A_L}{A_K}\right)$ 表示。与前述内容相结合，可知，若 $\left(\frac{\sigma-1}{\sigma}\right)\ln\left(\frac{A_L}{A_K}\right)$ 为正，技术进步为劳动偏向型，有助于提高劳动收入份额；若 $\left(\frac{\sigma-1}{\sigma}\right)\ln\left(\frac{A_L}{A_K}\right)$ 为负，技术进步为资本偏向型，倾向于降低劳动收入份额。

同时，Thoening 和 Verdier（2000）、Acemoglu（2001）、Ripatti 等（2001）、张莉等（2012）通过理论与实证检验，都已充分证明了国际贸易对技术进步方向的影响。因此，在此假设式（6—10）中与技术进步方向相关的 $\ln\left(\frac{A_L}{A_K}\right)$，可以表示为：

$$\ln\left(\frac{A_L}{A_K}\right) = \theta_1 trade + t + \varepsilon \qquad (6—11)$$

其中，$trade$ 表示国际贸易，t 表示确定性时间虚拟变量，ε 表示随机扰动项。根据 Acemoglu 等研究结论可知，国际贸易导致资本偏向型技术进步，据此，可以初步判断 σ 和 θ_1 的符号关系。当 $\sigma > 1$ 时，资本偏向型技术进步意味着 $\ln\left(\frac{A_L}{A_K}\right)$ 与国际贸易负相关，因此，$\theta_1 < 0$；当 $\sigma < 1$ 时，资本偏向型技术进步意味着 $\ln\left(\frac{A_L}{A_K}\right)$ 与国际贸易正相关，因此，$\theta_1 > 0$。

将式（6—11）中 $\ln\left(\frac{A_L}{A_K}\right)$ 表示式代入式（6—10），可将式（6—10）改写为：

$$\ln\left(\frac{S_L}{S_K}\right) = \ln\left(\frac{\delta_1}{\delta_2}\right) + \left(\frac{\sigma-1}{\sigma}\right)(\theta_1 trade + t + \varepsilon) + \left(\frac{\sigma-1}{\sigma}\right)\ln\left(\frac{L}{K}\right)$$

$$(6—12)$$

同样，式（6—12）中 $\left(\dfrac{\sigma-1}{\sigma}\right)(\theta_1 trade + t + \varepsilon)$ 代表要素偏向型技术进步，为简便起见，根据式（6—12），将均衡时（或称长期）劳动相对收入份额与国际贸易的关系描述为：

$$\ln(S_{LK})^* = C + \lambda + \beta_1 trade + \beta_2 \ln\left(\frac{L}{K}\right) + \varepsilon \qquad (6—13)$$

其中，$\ln(S_{LK})^*$ 为式（6—12）中 $\ln\left(\dfrac{S_L}{S_K}\right)$，表示均衡时相对劳动收入份额的对数项；$C$ 为常数项 $\ln\left(\dfrac{\delta_1}{\delta_2}\right)$，描述不随时间变化的影响因素；$\lambda$ 为时间虚拟变量，$trade$ 为国际贸易，$\ln\left(\dfrac{L}{K}\right)$ 为劳动资本比的对数项。根据式（6—12）和式（6—13）中，参数 θ_1、σ、β_1、β_2 的关系，计算可得 $\theta_1 = \dfrac{\beta_1}{\beta_2}$，$\sigma = \dfrac{1}{1-\beta_2}$。

同时，张莉等（2012）指出，要素收入份额在短期内具有惯性或称为动态调整性质，本期实际劳动收入份额与上期值密切相关。因此，此处设短期实际相对劳动收入份额为均衡值（或中长期值）与上期值的加权平均，即：

$$\ln S_{LK} = \psi_1 \ln(S_{LK})^* + \psi_2 \ln(S_{LK})_{-1} \qquad (6—14)$$

其中，$\psi_1 = 1 - \psi_2$，将式（6—13）$\ln(S_{LK})^*$ 表达式代入式（6—14），整理变换得到最终的计量方程，称为设定I：

$$\ln S_{LK} = C + \lambda + \alpha_1 trade + \alpha_2 \ln\left(\frac{L}{K}\right) + \alpha_3 \ln(S_{LK})_{-1} + \varepsilon$$

$$(6—15)$$

根据式（6—13）、式（6—14）和式（6—15）中，参数 β_1、β_2、ψ_1、ψ_2、α_1、α_2、α_3 的关系，整理计算可得：$\beta_1 = \dfrac{\alpha_1}{1-\alpha_3}$、$\beta_2 = \dfrac{\alpha_2}{1-\alpha_3}$。并且，由公式之间的参数关系，根据设定 I 的计量结果，可计算得出国际贸易对相对劳动收入份额的影响系数 β_1 及 β_2，继

而算出 θ_1 和 σ 的数值,借此可以判断国际贸易对中国技术进步方向的影响。

二 变量指标及估计方法说明

本章选取 1995—2011 年中国省份面板数据进行实证检验。其中,重庆直辖市及西藏自治区在此区间内,数据不全,故在检验中去除,检验共包含其他 29 个省份数据。

在设定方程中,被解释变量为相对劳动收入份额的对数,涉及劳动收入份额与资本收入份额两个指标。第三章提到,省际收入法核算的 GDP 包含劳动者报酬、固定资产折旧、生产税净额和营业盈余四个部分。在省际收入法中,劳动收入份额 (S_L) = 劳动者报酬/GDP,为简单起见,设资本收入份额 (S_K) = 1 - 劳动收入份额 (S_L)。由计算公式可知,$\ln S_{LK}$ 与 S_L 呈单调递增关系。省际收入法 GDP 及四个组成部分,数据来源于《中国统计数据应用支持系统 V2.01》。

解释变量 $trade$ 指国际贸易,以实际对外贸易依存度替代。实际对外贸易依存度用实际贸易额与实际 GDP 的商表示。其中,实际贸易额等于名义贸易额与价格指数的商,实际 GDP 等于名义GDP 与 GDP 折算指数的商。1995—2011 年各省名义贸易额、价格指数、名义 GDP、GDP 折算指数,均来自《中国统计数据应用支持系统 V2.01》。为方便计算,本处将贸易额换算为人民币计价,并统一折算为 1995 年不变价,各年汇率来源于 Wind 数据库。

$\ln (L/K)$ 表示单位资本劳动力的对数,单位资本劳动力是人均资本存量 (K/L) 的倒数。人均资本存量由资本存量除以就业人数获得。其中,就业人数直接来源于《中国统计数据应用支持系统 V2.01》,资本存量则使用永续盘存法计算而成。在永续盘存法中,当期实际资本存量 = 上期实际资本存量 × (1 - 资本折旧率) + 本期新增实际资本存量。张军等 (2004) 指出,衡量当年新增资本存量的合理指标应当是固定资本形成总额,因此,实际新增资本存量等于固定资本形成总额与固定资产投资价格指数的商。1995—2011 年各省份全社会固定资产投资完成额及固定资产投资价格指数来自《中国统计数据应用支持系统 V2.01》，1995 年各省的实际物质资本存量数据直接来自张军等（2004），但是与张军等（2004）以 1952 年不变价不同，为保证各解释变量取值范围的一致性，本章统一将其换算为 1995 年不变价，资本折旧率统一为 10%①。

为对方程进行稳健性检验，本节在设定 I 的基础上，做出三种调整。首先，改变数据起始年份，鉴于 2001 年 12 月 11 日中国正式成为 WTO 成员国，因此，设定 II 选取 2002—2011 年省际面板数据重新计量；其次，增加新的解释变量，仍选取 1995—2011年省际面板数据，增加新的解释变量 fdi，以计量方程（6—16）为基础，重新计量，结果称为设定 III；最后，仍以方程（6—16）为基础，选取 2002—2011 年省际面板数据，检验结果为设定 IV。新的计量方程形式如下：

$$\ln S_{LK} = C + \lambda + \alpha_1 trade + \alpha_2 \ln\left(\frac{K}{L}\right) + \alpha_3 \ln\left(S_{LK}\right)_{-1} + \alpha_4 fdi$$

$$+ \varepsilon \qquad\qquad\qquad (6—16)$$

在稳健性检验中，涉及的解释变量 fdi 为外商直接投资占 GDP 的比重，用实际 FDI 与实际 GDP 的商替代。其中，实际 FDI 等于 FDI 流量与固定资产投资价格指数之商，FDI 流量及指数来源于《中国统计数据应用支持系统 V2.01》，同样折算为 1995 年不变价。

估计式（6—16）需要较为特殊的计量估计方法，因为式（6—16）的解释变量中，不仅包括不同省份劳动要素相对收入份额的滞后项（前定变量）和贸易开放度，还包括单位资本劳动力、FDI。前定变量显然是内生的，而贸易开放度、单位资本劳动力等，相对于劳动相对收入份额也可能存在，因联立性或互为

---

① 资本折旧率改为 5% 时经作者计算并不影响最终结论。

因果等导致的内生性问题，使得前定和内生解释变量与误差项的相关系数不为零。一般来说，针对这一问题直接应用 OLS 估计，不仅无法解决解释变量与个体固定效应的相关性问题，也不能解决内生变量和前定变量与总体误差项相关性问题。Arellano 和 Bover（1995）、Blundell 和 Bond（1998）提出系统 GMM 估计方法，用以解决以上问题。

另外需要注意的是，利用系统 GMM 方法估计，还需要对工具变量是否有效、参数估计结果是否有效和一致等进行检验。首先需要检验的是，残差序列是否存在序列相关，备择假设是存在序列相关。其次是针对整个工具变量是否有效的 Sargan 和 Hansen 检验，备择假设是整个工具变量无效。最后还需要利用 Diff – in – Hansen 检验，判别系统 GMM 是否比差分 GMM 更有效，备择假设是新增工具无效。

三　估计结果及稳健性检验

设定 I 的估计结果见表 6—1 中（1）。国际贸易对中国相对劳动收入份额的短期影响系数 $\alpha_1 = -0.020$，长期影响系数 $\beta_1 = -0.171$，显著性水平均为 5%，表明国际贸易导致中国相对劳动收入份额的下降。同时，基于长期关系计算得到了国际贸易对技术进步偏向 $\ln\left(\dfrac{A_L}{A_K}\right)$ 的影响系数 $\theta_1 = 0.357$，显著性水平为 5%。表明国际贸易导致技术进步在中国表现为相对劳动增强型。继而，根据 β_2 值计算得到中国劳动和资本的替代弹性 $\sigma = 0.676$，说明中国劳动和资本在生产中是互补的关系[1]。

由要素偏向型技术进步定义，若两要素为互补关系（$\sigma < 1$），相对劳动增强型技术进步为资本偏向型技术进步。因而，根据设

---

[1]　这一结论与黄先海等（2009）、戴天仕等（2010）等的检验结果相一致，也与国际普遍认为的资本与劳动生产互补性相一致。

定 I 的结果可知，国际贸易导致资本偏向型技术进步，显著降低了中国劳动收入份额，这一实证结果与理论判断相一致。

劳动相对收入份额的滞后项（前定变量），对劳动相对收入份额的影响系数 $\alpha_3 = 0.883$，显著性水平为 1%，说明劳动收入份额在短期内具有显著惯性，短期发生剧烈变动的可能性较小。单位资本劳动力的系数无论是短期还是长期都为负数。其中，短期系数 $\alpha_2 = -0.056$，长期系数 $\beta_2 = -0.479$，显著性水平均为 10%。表明劳动相对供给越多越不利于劳动收入份额的提高。AR（1）、AR（2）的检验表明，设定 I 的估计残差序列，存在显著的 1 阶自相关但不存在 2 阶自相关，同时，根据 Wald 统计量的 P 值，可以判断模型设定在总体上是可取的。进而由判断整个工具变量有效性的 Sargan、Hansen 检验结果，以及判断 GMM 工具变量子集有效性的 Diff – in – Hansen 检验结果，可知估计工具变量的构造，在总体上均是有效的。

对计量结果进行的稳健性检验，设定 II、设定 III、设定 IV 的结果分别见表 6—1 中（2）、（3）、（4）。由（2）可知，将数据取值范围由 1995—2011 年改为 2002—2011 年后，并没有改变计量结果。国际贸易对中国相对劳动收入份额的短期影响系数 $\alpha_1 = -0.014$，长期影响系数 $\beta_1 = -0.126$，虽然与（1）有所区别，但只是数值大小略微变动，结论并未改变，仍是负向影响且显著性水平为 5%。进而，基于长期关系计算得到，国际贸易对要素偏向型技术进步的影响系数 $\theta_1 = 0.318$，显著性水平 5%，表明国际贸易导致中国技术进步为相对劳动增强型，同时，设定（2）得出的中国劳动和资本替代弹性 $\sigma = 0.716$（$\sigma < 1$），资本和劳动仍然是互补关系，不改变资本偏向型技术进步的结论。由（3）、（4）的结果可知，无论是否加入新的解释变量，继而又改变数据取值范围，检验结果和结论都没有发生根本变化。因而可以得出，国际贸易引发中国资本偏向型技术进步，导致中国劳动收入份额下降，这一结论具有稳健性。

表 6—1　　　劳动相对收入份额长短期决定模型的实证检验结果

解释变量	(1)	(2)	(3)	(4)
回归方程系统 GMM 估计结果：				
$trade$：α_1	−0.020 ** (0.010)	−0.014 ** (0.007)	−0.016 * (0.012)	−0.021 * (0.011)
$\ln (L/K)$：α_2	−0.056 * (0.034)	−0.044 * (0.027)	−0.055 * (0.040)	−0.078 ** (0.026)
$\ln (S_L)_{-1}$：α_3	0.883 *** (0.077)	0.889 *** (0.057)	0.847 *** (0.084)	0.874 *** (0.076)
fdi：α_4			−0.083 (0.167)	−0.062 (0.142)
AR (1) 检验	−3.51 (0.000)	−3.72 (0.000)	−3.39 (0.001)	−3.44 (0.001)
AR (2) 检验	0.55 (0.581)	0.58 (0.560)	0.49 (0.625)	0.59 (0.553)
Sargan 检验	31.90 (0.236)	17.33 (0.432)	31.79 (0.200)	16.97 (0.388)
Hansen 检验	10.11 (0.999)	20.22 (0.263)	12.40 (0.989)	16.08 (0.711)
Diff – in – Hansen GMM 工具变量有效性检验	17.89 (0.157)	10.24 (0.115)	17.36 (0.143)	13.09 (0.170)
Wald 统计量 P 值	0.000	0.000	0.000	0.000
年份	控制	控制	控制	控制
样本数	464	348	464	348
长期关系估计结果：				
β_1	−0.171 **	−0.126 **	−0.105 *	−0.167 *
β_2	−0.479 *	−0.396 *	−0.359 *	−0.619 *
要素替代弹性与国际贸易对中国技术进步的影响：				
σ	0.676 *	0.716 *	0.736 *	0.618 *
θ_1	0.357 **	0.318 **	0.291 *	0.269 *

注：*、**、***分别表示在10%、5%、1%水平上显著，解释变量括号内为稳健标准差。对 AR (1)、AR (2)、Sargan 检验、Hansen 检验、Diff – in – Hansen GMM 工具变量有效性检验，给出统计量，括号内为统计量对应的 P 值。所有估计均包含年度虚拟变量。

第四节　小结

无论是发达国家样本，还是发展中国家样本，众多学者的研究已表明，国际贸易引发资本偏向型技术进步，将倾向于降低各国的劳动收入份额。中国是技术引进与模仿的发展中大国，国内学者的研究也证实了，中国的技术进步方向也与发达国家相一致，表现为资本偏向型，且偏向资本的趋势越发明显。那么，国际贸易是否也是引发中国资本偏向型技术进步的因素，继而，降低了中国的劳动收入份额呢？

本章在 Acemoglu（2002，2003）和张莉等（2012）研究基础上，具体考察了国际贸易通过要素偏向型技术进步，对中国劳动收入份额产生的影响。利用1995—2011年中国省际面板数据，检验发现，国际贸易导致中国技术进步倾向于提高劳动相对效率，同时，计算结果表明，中国劳动与资本在生产中为互补关系（替代弹性小于1），由要素偏向型技术进步的判断标准，可知该技术进步为资本偏向型。因而，国际贸易通过资本偏向型技术进步降低了中国的劳动收入份额，这一结论通过了稳健性检验。

实际上，诸多经济学家都曾指出，发展中国家引进的发达国家技术，往往与自身要素禀赋不相符合，可能会产生不利影响（Stewart，1978；Basu & Weil，1998；Acemoglu & Zilibotti，2001）。因为，随着对外贸易的发展，作为技术发明国的发达国家，要素偏向型技术进步的选择与设计是符合本国要素供给和生产条件的最优选择，与发展中国家的需求高度不符。

本章通过对中国的实证检验，同样发现中国对外贸易引发的资本偏向型技术进步，是其劳动收入份额持续大幅下降的原因之一。中国技术进步过于依赖引进和模仿，导致该技术进步与中国要素禀赋不一致，因而不利于劳动者分配地位的改善。虽然一直以来，普遍的观点认为，相较于自主创新，引进发达国家先进技术，能更快、更省地促进中国的技术进步。但是，这种技术进步不利于劳动者在初次分配中地位的提升。因此，为更好地实现"提高劳动报酬在初次分配中的比重"目标，应当更多地鼓励与中国要素禀赋相一致的自主创新。

第七章　主要结论和政策启示

第一节　主要结论

现有研究国际贸易对劳动收入份额影响的文献，大多笼统地将国际贸易作为单一的解释变量，考察其对劳动收入份额变动的作用，并根据相关计量标准，做出正向、负向及是否显著的判断。可实际上，国际贸易会通过多种机制影响劳动收入份额，且不同机制之间可能存在相互抵消的效应。因而，直接以国际贸易作为劳动收入份额变动的解释变量，得出的结论可能并不合理与全面。本书克服了这方面的局限，在科学核算中国对外贸易和劳动收入份额变动的基础上，立足于结构调整、租金分享和要素偏向型技术进步等机制，更深入地研究了对外贸易对中国劳动收入份额变动可能产生的影响。其主要结论如下。

一　中国对外贸易与劳动收入份额呈反向变动关系

从劳动收入份额测算的角度，根据现有文献，中国劳动收入份额从20世纪90年代中期开始出现下降趋势，因此，在对中国外贸与劳动收入份额进行直观比较时，为保证分析的可比性及一致性，本书将时间跨度选定为1994—2011年。进而，在细致比较劳动收入份额非调整和调整两类核算公式的基础上，本书第三章发现，无论核算公式是否经过调整，计算得到的中国劳动收入份额的变动趋势并不存在根本性改变；不仅如此，非调整和调整情况下得到的结果还具有较高的相关性。考虑到非调整的结果是根据官方公布的数据计算而成，相对而言，更具有权威性，因此，书中无论是宏观整体，还是从东、中、西各区域视角的比较，都以非调整核算公式的计算结果为基准。

从中国的对外贸易和劳动收入份额走势对比的角度看，本书发现，无论是宏观层面，还是东、中、西三大区域层面，大体上两者均呈现出反向变动态势，这主要体现在：首先，宏观层面上：1994—2011 年，中国对外贸易总额由 2366.2 亿美元发展为36418.65 亿美元，增长了 14.39 倍。其中，出口额从 1210.06 亿美元增长到 18983.81 亿美元，进口额从 1156.14 亿美元增长到17434.84 亿美元，分别增长 14.69 倍和 14.08 倍。与之相对应，中国劳动收入份额则从 50.63% 变为 44.94%，下降了 5.69 个百分点。

其次，东、中、西三大区域层面上：1994—2011 年，东部地区对外贸易额由 2024.64 亿美元发展为 32432.55 亿美元，增长了 15.02 倍，而劳动收入份额从 46.75% 变为 43.7%，下降了3.05 个百分点；中部地区对外贸易额从 193.94 亿美元发展为2131.97 亿美元，增长了 9.99 倍，而劳动收入份额由 55.67% 变为 45.97%，下降了 9.70 个百分点；西部地区对外贸易额从147.62 发展为 1854.12 亿美元，增长了 11.56 倍，而劳动收入份额由 50.73% 变为 47.27%，下降了 3.46 个百分点。无论哪个层次或区域，均表现为对外贸易额的上升与劳动收入份额的下降并存。

最后，相较于宏观整体层次，对外贸易和劳动收入份额在东、中、西等不同区域的变动程度，存在明显差异。如东部地区对外贸易发展远远高于中、西部地区，但是，其劳动收入份额下降幅度却最小；而中部地区对外贸易额的增长最慢，但是，其劳动收入份额下降却最为明显。这也显示出对外贸易通过不同机制，对不同区域的劳动收入份额影响程度可能不一致。如对外贸易通过结构调整可能对中部地区劳动收入份额下降的影响最大；而对外贸易通过租金分享可能对减缓东部地区劳动收入份额的下降，效果最为明显。

二　对外贸易通过多种机制影响中国劳动收入份额

通过实证检验，本书不仅证实了中国对外贸易通过多种机制影响劳动收入份额，更为重要的是，检验结果还表明，不同机制之间可能存在相互抵消的情况。首先，本书利用中国工业产业、企业和省际面板数据分别检验，发现对外贸易通过结构调整、租金分享、要素偏向型技术进步等途径，显著影响了中国的劳动收入份额（如图7—1所示）。

图7—1　对外贸易对中国劳动收入份额的影响机制

其次，本书还发现，中国对外贸易影响劳动收入份额的不同机制，虽然均具有统计学意义上的显著性，但是不同机制的效用却存在相反甚或抵消的可能。如通过租金分享，对外贸易显著提高了中国劳动者的租金分享能力，有助于提升劳动收入份额（只是由于中国劳动者本身的租金分享能力较弱，导致这一正向作用有限）；与此同时，对外贸易引发了中国的资本偏向型技术进步，进而提升了中国的资本收入份额，对劳动收入份额产生了负向影响。因此，若以对外贸易作为中国劳动收入份额变动的直接解释变量，检验结果可能会掩盖不同机制的不同作用。这也正是文献综述中提到的，直接将国际贸易作为劳动收入份额变动的解释变量，虽然具有一定的解释力，但作用究竟是有利还是不利的，是不同文献结论不一致的根本原因之一。

三　对外贸易的结构调整机制存在不同细分效应

中国外贸对劳动收入份额的影响，通过多种机制予以实现，且不同机制的效用存在相互抵消的可能，这一命题不仅体现在整体上，具体到结构调整机制上，外贸对其不同部分，同样具有方向不同的效应。本书第四章深入结构调整的微观企业层次，从企业动态的角度，将劳动收入份额的变动分解为内部劳动收入份额效应、增加值效应、进入效应和退出效应，借以考察中国对外贸易通过结构途径对劳动收入份额产生的影响。

利用 1998—2007 年中国国有工业企业的全样本数据，本书发现，在中国加入 WTO 的年份，即 2001—2002 年，中国国有工业企业的劳动收入份额相比上一年度略有上升，对此起决定作用的几乎只是退出效应和份额变动效应，而在 2001—2002 年前，对劳动收入份额变动起绝对作用的是企业增加值变动效应和进入效应。继而，在 2001—2002 年这一时间段后，除 2002—2003 年、2005—2006 年外，对平均劳动收入份额变动起绝对作用的成分，改变为企业增加值变动效应和份额变动效应。最后，在 2002—2003 年、2005—2006 年两个时间段，对平均劳动收入份额起决定作用的成分，除内部份额效应、增加值效应外，还包括进入效应和退出效应。

进而，本书还发现，中国外贸通过结构调整对中国劳动收入份额变动产生的影响，主要体现在：第一，对外贸易依存度对劳动收入份额变动不同组成部分的影响，在显著程度和方向上存在非常大的差异，贸易开放程度提升一个单位的标准差，会使得国有工业企业的内部份额效应增加 0.0609；但会导致国有工业企业的增加值效应下降 0.0686，进入效应下降 0.0168；第二，贸易程度的提升，无论是出口，还是进口，一方面提高了中国国有工业企业内部的劳动收入份额，同时并不必然导致平均劳动收入份额高于在位企业平均劳动收入份额的企业退出；但另一方面，对外贸易程度的提升又显著地降低了平均劳动收入份额较高企业的增加值比重，而且导致了更多低于平均劳动收入份额的国有工业企业进入。

四 中国劳动者具有较弱的租金分享能力

在不完全竞争市场中，要素不再按边际产品收益获得支付，劳动者收入包含边际产品收益和租金分享两部分。其中，前者是劳动者在完全竞争市场状态下可以获得的收入，后者是劳动者在租金分享谈判中获得的收入。因此，劳动收入份额必然包括两个部分：竞争收入份额和租金分享份额。其中，劳动者租金分享份额取决于其租金分享能力，且随租金分享能力的增强而上升。对外贸易的发展，使得国内外劳动者之间的替代更加容易，改变了劳动者的租金分享能力。

本书第五章在 Brock 和 Dobbelaere（2006）等基础上，利用中国 1998—2007 年工业行业 1995520 家企业数据，从宏观整体和二位码工业行业两个角度，具体测算了中国劳动者的租金分享能力。继而，以四位码工业行业为基准，检验了对外贸易对中国劳动者租金分享能力的影响。本书发现，第一，企业数据计量结果显示，中国劳动者虽然具有一定程度的租金分享能力，但是较弱。测算的 40 个二位码工业行业中，均值最大的木材及竹材采运业也只达到 0.1391，其余 39 个工业行业均值都小于 0.1。由此可见，中国劳动者的租金分享能力非常低，在与企业的谈判中通常处于弱势地位。第二，对外贸易通过提高劳动需求的紧张程度，提高了中国劳动者的租金分享能力，从而有助于劳动收入份额上升，这一结果与 Harrison（2005）等对发达国家的研究结论相反。

五 对外贸易引发资本偏向型技术进步

无论是出于竞争优势的考虑，还是鉴于技术创新的成本收益分析，国际贸易都会引发发达国家的资本偏向型技术进步，导致其国内稀缺要素（劳动）收入份额的下降。而发展中国家通过进、出口贸易实现的技术进步，其方向也与创新国一致，属于资本偏向型，倾向于降低其丰裕要素（劳动）的收入份额。

作为发展中大国，技术引进和模仿同样是中国技术进步的主要渠道。本书第六章在 Acemoglu（2002）、张莉等（2012）研究基础上，选取 1995—2011 年中国 29 个省份面板数据发现，中国对外贸易引发的技术进步，倾向于提高相对劳动效率。而中国劳动和资本要素在生产中为互补关系，因而可以判断，中国对外贸易引发的技术进步为资本偏向型，进而降低了中国的劳动收入份额。因此，与对外贸易的租金分享机制作用相反，中国对外贸易通过技术进步抑制了劳动收入份额的上升。

第二节　政策启示

党的十八大、十八届三中全会、五中全会均明确强调"提高对外开放水平"，及"调整国民收入分配格局，规范初次分配"。问题是，在实现初次收入分配目标的过程中，如何更加有效地发挥对外贸易的作用，实现在不断完善开放型经济中，逐步推动劳动收入份额的上升呢？本书在对国际贸易影响中国劳动收入份额不同机制及其效应进行细致研究的基础上，有针对性地提出如下政策建议。

一　在稳增长和调结构中改善分配格局

现阶段，稳增长和调结构是我国宏观经济政策的基本立足点，而外贸稳增长和调结构又是其中的重要方面，因此，对我国初次收入分配的改善自然需要契合这一主旨。因为稳增长可以保证国民收入的稳步提高，从而增加初次收入分配中劳动收入的绝对量，改善劳动者的福利水平。同时，以增加劳动收入份额较高经济部门在整体结构中的比重为导向的结构调整，可以提升劳动收入份额的整体水平。

具体来说，（1）政府应该采取必要措施，如税收减免、融资优惠等，扶持那些符合产业发展规划要求的在位高劳动收入份额企业更好地生产和经营，增加高劳动收入份额企业的进入率，以及降低高劳动收入份额企业的退出率。因为高劳动收入份额企业的利润率，通常会低于低劳动收入份额企业的利润水平，在面临外部市场冲击的时候，高劳动收入份额企业的退出率相对也会高于低劳动收入份额的企业，政府对高劳动收入份额企业一定力度的扶持，可以增强它们的竞争力和生存概率。（2）政府应通过设立最低经济规模奖励等方式，奖励达到和超过最低经济效率规模的低劳动收入份额企业，激励在位的低劳动收入份额企业提高劳动生产率，增加就业，扩大生产规模。因为低劳动收入份额企业的市场竞争力和应对外部经济风险的能力较强，规模扩大带来的收益会远远高于政府的刺激成本。（3）降低生产经营过程中的劳动成本支出，并不是增强企业活力的必然途径，政府应根据经济发展的不同水平，通过立法，如最低工资法等，要求企业逐步提供更高标准的生产环境和收入待遇。

二　增强工会在租金分享谈判中的地位

虽然中国对外贸易通过提升劳动者租金分享能力，能够改善劳动收入份额。但是，由于中国劳动者的租金分享能力较弱，使得这一改善作用十分有限，但这也恰恰说明了对外贸易的这一促进机制仍有巨大的提升空间，那么，如何提高劳动者的租金分享能力呢？

具体来说，（1）应针对我国经济发展的具体情况，修改和完善《劳动法》、《公司法》中的相关条款，逐步实现劳资的真正平等，保障劳动要素分享企业利润的正当权利。（2）增加工会对企业劳动人员的覆盖率。工会作为劳动者的联合，其覆盖率越高，其谈判能力也越强。而且，对于企业而言，工会在很大程度上有助于增强企业凝聚力、改善劳资关系、提高生产效率，所以，提高工会覆盖率，加强工会在工资决定谈判中的作用，是形成有中国特色的工资决定机制的立足点之一。（3）完善我国现行工会制度。从制度层面保证，工会代表独立于企业，并且其报酬与该企业劳动者租金分享份额挂钩，从而使其完全成为劳动者在租金分享中的谈判代表；同时，劳动者对工会代表，具有监督权和申诉权，使基层工会切实成为劳动者利益的实际维护者，挖掘和发挥工会在租金分享谈判中的能力，为劳动者谋取更多的租金分享份额。（4）建立有一定强制性的租金分享机制。劳动者参与利润分享的方式主要有三种：其一，剩余归劳动者共同所有，此种方式以劳动者利益最大化为原则，在企业按市场价格支付各种要素报酬后，剩余均归劳动者所有；其二，租金分享机制，在劳动者按照边际产品收益获得支付后，再通过劳资谈判获得相应的租金收入；其三，净收入分享机制，所有要素不按边际产品收益给予支付，而是以全部税后净收入为基准，在劳资之间设定分配比例。在这三种分享方式中，目前，能够迅速扭转劳动收入份额的变动趋势，最现实和便宜的选择就是依靠国家权威，建立具有最低限额的租金分享机制。虽然相对于单个劳动者，工会作为集体组织，可以明显提高劳动者的租金分享能力。但是资本的逐利性，意味着工会在改变劳资收入分配中的能力有限。因而，提高我国的劳动收入份额，还需重视国家和政府在建立租金分享机制上的权威性，只有政府才可能运用国家力量，在租金分享谈判中，明确规定劳动者分享比例的下限，以此保证劳动者的最低租金分享份额。

三　加强知识产权保护以促进企业自主创新

本书第六章已经通过中国省际面板数据证明了，中国对外贸易导致的技术进步方向与发达国家相似，为资本偏向型。这种类型技术进步之所以会拉低中国的劳动收入份额，其根本原因就在于，这一技术进步方式主要集中于引进和模仿，而引进和模仿实现的技术进步只是符合创新国要素禀赋需求，缺乏自主创新，与本国的要素禀赋不相一致。因此，应鼓励提高企业的自主创新能力，实现与本国要素禀赋相一致的技术进步。

具体来说，（1）确立企业在自主创新中主体地位的同时，打破各种类型的、阻碍企业自主创新的制度、市场、行业等方面的垄断，增强企业在市场上的自由竞争，形成具有中国特色的、完善的企业自主创新体系。（2）政府应该利用合理的采购、金融财税等政策，增加企业自主创新的动力，激励企业积极开展自主创新。（3）进一步加强知识产权保护，有利于树立中国的国际信用，从而鼓励其他国家企业，在一定程度上创造出符合中国要素禀赋的技术进步，抑制劳动收入份额的下降。（4）促进自主创新的发展，还需重视科学技术的发展，这就要求我国进一步加大培养大量高级科研、基础科研人才等的力度，创造鼓励科研的良好外部环境。

参考文献

［1］白重恩、钱震杰：《国民收入的要素分配：统计数据背后的故事》，《经济研究》2009 年第 3 期。

［2］白重恩、钱震杰：《谁在挤占居民的收入——中国国民收入分配格局分析》，《中国社会科学》2009 年第 5 期。

［3］白重恩、钱震杰：《劳动收入份额决定因素：来自中国省际面板数据的证据》，《世界经济》2010 年第 12 期。

［4］陈奇斌：《用卡尔多收入分配模型试解里昂惕夫之谜》，《经济学家》2004 年第 3 期。

［5］陈景华：《浅析我国农村居民收入的差异性》，《集美大学学报》（哲学社会科学版）2007 年第 4 期。

［6］戴天仕、徐现祥：《中国的技术进步方向》，《世界经济》2010 年第 11 期。

［7］傅晓霞、吴利学：《偏性效率改进与要素回报份额变化》，《世界经济》2013 年第 10 期。

［8］方军雄：《劳动收入比重，真的一致下降吗？——来自中国上市公司的发现》，《管理世界》2011 年第 7 期。

［9］高凌云、程敏：《我国全要素生产率的动态变迁（1978—2007）》，《统计与决策》2009 年第 5 期。

［10］高凌云、毛日昇：《贸易开放、引致性就业调整与我国地方政府实际支出规模变动》，《经济研究》2011 年第 1 期。

［11］华生：《劳动者报酬占 GDP 比重低估被严重误读——中国

收入分配问题研究报告之二》，《中国证券报》2010 年 10
月 14 日第 21 版。

［12］姜磊、张媛：《对外贸易对劳动分配比例的影响——基于中
国省级面板数据的分析》，《国际贸易问题》2008 年第
10 期。

［13］罗长远：《卡尔多"特征事实"再思考：对劳动收入占比
的分析》，《世界经济》2008 年第 11 期。

［14］罗长远、张军：《经济发展中的劳动收入占比：基于中国产
业数据的实证研究》，《中国社会科学》2009 年第 4 期。

［15］罗长远、张军：《劳动收入份额下降的经济学解释——基于
中国省际面板数据的分析》，《管理世界》2009 年第 5 期。

［16］黄先海、徐圣：《中国劳动收入份额比重下降成因分析——
基于劳动节约型技术进步的视角》，《经济研究》2009 年第
7 期。

［17］李扬、殷剑峰：《中国高储蓄率问题探究——1992—2003
年中国资金流量表的分析》，《经济研究》2007 年第 7 期。

［18］李清华：《中国劳动收入份额的国际比较研究》，《当代财
经》2013 年第 3 期。

［19］李稻葵：《重视 GDP 中劳动收入比重的下降》，《新财富》
2007 年 9 月 21 日。

［20］李稻葵、刘霖林、王红领：《GDP 中劳动份额演变的 U 型
规律》，《经济研究》2009 年第 1 期。

［21］李平：《卡尔多的分配理论及其修正和发展》，《辽宁大学
学报》1986 年第 3 期。

［22］李坤望、冯冰：《对外贸易与劳动收入占比：基于省际工业
面板数据的研究》，《国际贸易问题》2012 年第 1 期。

［23］刘仕国：《外商直接投资对中国收入分配的影响：基于
1998—2006 年工业企业面板数据的动态计量分析》，社会
科学文献出版社 2012 年版。

［24］吕光明：《中国劳动收入份额的测算研究：1993—2008》，《统计研究》2011 年第 12 期。

［25］吕冰洋、郭庆旺：《中国要素收入份额的测算》，《经济研究》2012 年第 10 期。

［26］聂辉华、江艇和杨汝岱：《中国工业企业数据库的使用现状和潜在问题》，《世界经济》2012 年第 5 期。

［27］钱晓烨、迟巍：《国民收入初次分配中劳动收入份额的地区差异》，《经济学动态》2011 年第 5 期。

［28］宋海岩：《改革中的过度投资需求和效率损失》，《经济学》（季刊）2003 年第 4 期。

［29］孙文杰：《中国劳动报酬份额的演变趋势及其原因——基于最终需求和技术效率的视角》，《经济研究》2012 年第 5 期。

［30］邵敏、黄玖立：《外资与我国劳动收入份额：基于工业行业的经验研究》，《经济学》（季刊）2009 年第 4 期。

［31］潘士远：《贸易自由化、有偏学习效应与发展中国家的工资差异》，《经济研究》2007 年第 6 期。

［32］翁杰：《国际贸易、租金分享和工资水平——基于浙江制造业的实证研究》，《国际贸易问题》2008 年第 11 期。

［33］王俊宜、李权：《国际贸易》，中国发展出版社 2003 年版。

［34］肖文、周明海：《劳动收入份额变动的结构因素——收入法 GDP 和资金流量表的比较分析》，《当代经济科学》2010 年第 5 期。

［35］肖文、周明海：《贸易模式转变和劳动收入份额下降》，《浙江大学学报》2010 年第 9 期。

［36］谢千里、罗斯基、张轶凡：《中国工业生产率的增长与收敛》，《经济学（季刊）》2008 年第 3 期。

［37］易宪容：《纳什谈判理论评述》，《经济学动态》1995 年第 9 期。

［38］周申、杨红彦：《国际贸易、技术变动对我国工业部门劳动收入份额的影响》，《国际经贸探索》2011 年第 4 期。

［39］张军、吴桂英、张吉鹏：《中国省际物质资本存量估算：1952—2001》，《经济研究》2004 年第 10 期。

［40］张车伟、张士斌：《中国初次收入分配格局的变动与问题——以劳动报酬占 GDP 份额为视角》，《中国人口科学》2010 年第 5 期。

［41］张车伟、张士斌：《中国劳动报酬份额变动的"非典型"特征及其解释》，《人口与发展》2012 年第 4 期。

［42］张车伟、张士斌：《如何认识中国劳动报酬份额的变动及含义》，《山东大学学报》（哲学社会科学版）2012 年第 5 期。

［43］支晓云、张二震：《国际贸易对我国收入分配的隐形影响——基于行业要素报酬的实证分析》，《当代经济管理》2012 年第 3 期。

［44］周明海、肖文、姚先国：《企业异质性、所有制结构与劳动收入份额》，《管理世界》2010 年第 10 期。

［45］赵秋运、魏下海、张建武：《国际贸易、工资刚性和劳动收入份额》，《南开经济研究》2012 年第 4 期。

［46］张杰、陈志远、周晓艳：《出口对劳动收入份额抑制效应研究——基于微观视角的经验证据》，《数量经济技术经济研究》2012 年第 7 期。

［47］张莉、李捷瑜、徐现祥：《国际贸易、偏向型技术进步与要素收入分配》，《经济学季刊》2012 年第 2 期。

［48］朱钟棣、王云飞：《我国贸易发展与收入分配关系的理论研究与实证检验》，人民出版社 2008 年版。

［49］Acemoglu D. , Directed Technical Change, The Review of Economic Studies, 2001, 69 (4) .

［50］Acemoglu D. , Technical Change Inequality and the Labor Market,

Journal of Economic Literature, 2002, 40 (1) .

[51] Acemoglu D. and F. Zilibotti, Productivity Differences, Quarterly Journal of Economics, 2001, 116 (2) .

[52] Ahsan R. and D. Mitra, Trade Liberalization and Labor's Slice of the Pie: Evidence from Indian Firms , Unpublished manuscript, Syracuse University, 2010.

[53] Arbache J. S. , Does Trade Liberalization Always Decrease Union Bargaining Power? , Economica , 2004, 5 (1) .

[54] Arpaia A. , P. Esther and P. Karl, Understanding Labour Income Share Dynamics in Europe , MPRA Paper, University Library of Munich, Germany, 2009.

[55] Azmat G. , A. Manning and J. Van Reenen, Privatization Entry Regulation and the Decline of Labor's Share of GDP: A Cross – Country Analysis of the Network Industries, Economica , 2007, 7.

[56] Bai C. E. and Z. J. Qian, The Factor Income Distribution in China: 1978 – 2007, China Economic Review, 2010, 21.

[57] Bartelsman E. , S. Stefano and F. Schivardi, Comparative Analysis of Firm Demographics and Survival: Micor – Level Evidence for the OECD Countries, OECD Economics Department Working Papers, 2003.

[58] Berry D. and D. Lowery, The Growing Cost of Government: A Test of Two Explanations, Social Science Quarterly, 1983, 11.

[59] Bernard A. , and J. Jensen, Exporters Jobs and Wages in US Manufacturing: 1976 – 1987, Brookings Papers on Economic Activity: Microeconomics, 1995.

[60] Bernard A. , S. Redding and P. Schott, Comparative Advantage and Heterogeneous Firms, Review of Economic Studies,

2007, 74.

[61] Bentolia S. and G. Saint – Paul, Explaining Movements in the Labor Share, Contributions to Macroeconomics, 2003, 3 (1) .

[62] Binmore K. , A. Rubinstein and A. Wolinsky, The Nash Bargaining Solution in Economic Modelling, Journal of Economics, 1986, 17 (2) .

[63] Blanchard O. , The Medium Run, Brookings Papers on Economic Activity, 1997, 2.

[64] Borjas G. J. and A. Ramey, Foreign Competition, Market Power and Wage Inequality, Quarterly Journal of Economics, 1995, 110.

[65] Brock E. and S. Dobbelaere, Has International Trade Affected Union Behaviour?, Belgium, Ghent University, 2006.

[66] Brock E. and S. Dobbelaere, Has International Trade Affected Workers' Bargaining Power?, Review of World Economics, 2006, 142 (2) .

[67] Bughin J. , Union – firm Efficient Bargaining and Test of Oligoplistic Conduct, Review of Economics and Statistics, 1993, 42.

[68] Bughin J. , Trade Unions and Firms' Product Market Power, The Journal of Industrial Economics, 1996, 44.

[69] Bush M. , P. Monti and F. Toubal, Trade's Impact on the Labor Share: Evidence from German and Italian Regions, IAW – Diskussionspapiere, 2008.

[70] Chen F. , Union Power in China: Source, Operation and Constraints, Modern China, 2009, 35 (6) .

[71] Cooley T. and E. Prescott, Economic Growth and Business Cycles, Frontiers of Business Cycle Research, 1995, 40.

[72] Davis D. , Does European Unemployment Prop Up American

Wages?, American Economic Review, 1996, 88 (4).

[73] David H., F. Autor, L. Kata and B. Krueger Alan., Trends in the U. S. Wage Inequality: Re – Assessing the Revisionists, Review of Economics and Statistics, 2008, 90.

[74] Decreuse B. and P. Maarek, FDI and the Labor Share in Developing Countries: A Theory and Some Evidence, GREQAM Document de Travail, 2007, 17.

[75] Decreuse and Bruno., Can the HOS Model Explain Changes in the Labor Share? A Tale and Wage Rigidies. Working Paper, Document de Travail, 2011, 01.

[76] Dumont M., G. Rayp and P. Willeme, Does Internationalization Affect Union Bargaining Power? An Empirical Study for Five EU – Countries, Oxford Economic Papers, 2006, 58.

[77] Dobbelaere S., Ownership, Firm Size and Rent Sharing in Bulgaria, Labour Economics, 2004, 11 (2).

[78] Gaston N. and D. Trefler, Protection, Trade and Wages: Evidence from U. S. Manufacturing, Industrial and Labour Relations Review, 1996, 47.

[79] Gaston N., Unions and the Decentralization of Collective Bargaining in a Globalizing World, Journal of Economic Integration, 2002, 17.

[80] Gollin D., Getting Income Shares Right, The Journal of Political Economy, 2002, 110 (2).

[81] Gomme P. and R. Peter, Measuring Labor's Share of Income, Policy Discussion Papers, Federal Reserve Bank of Cleveland, 2004.

[82] Goos M. and J. Konings, Does Rent – Sharing Exist in Belgium? An Empirical Analysis Using Firm Level Data, Reflets et Perspectives de la Vie Economique, 2001, 1 (2).

[83] Guscina A, Effects of Globalization on Labor's Share in National Income, IMF Working Papers 06/294, International Monetary Fund January 2006.

[84] Harrison A. , Has Globalization Eroded Labor's Share? Some Cross – Country Evidence, Berkeley and NBER Mimeo, 2005.

[85] Hamermesh D. S. , The Measurement of Labor Cost, Chicago, University of Chicago Press, 1993.

[86] Hasan and K. V. Ramaswamy, Trade Reforms, Labor Regulations and Labor Demand Elasticities: Empirical Evidence from India, Review of Economics & Statistics, 2007, 89 (3) .

[87] Huizinga H. , International Market Integration and Union Wage Bargaining, Scandinavian Journal of Economics, 1993, 95.

[88] IMF, The globalization of labor, in World Economic Outlook, IMF, Washington, 2007.

[89] Katz, The Decentralization of Collective Bargaining: a Literature Review and Comparative Analysis, Industrial and Labor Relations Review, 1993, 47.

[90] Kamal F. , M. E. Lovely and D. Mitra, Trade Reforms and Rent Sharing in China: Did Tariff Cuts Affect Labor's Share of Income? [EB/OL], 2012 – 12 – 17, fkamal. weebly. com/.../assa_ draft_ of_ kamal_ lovely_ mitra. pdf.

[91] Kaldor, Alternative Theories of Distribution, The Review of Economic Studies, 1955, 23 (2) .

[92] Kaldor, Capital Accumulation and Economic Growth [EB/OL], Repinted From The Theory of Capital, 1961 www. wiley. com/college/miles/0471988456/sample.../ch05.

[93] Karabarbounis L. and B. Neiman, Declining Labor Shares and the Global Rise of Corporate Saving, Working Paper, National Bureauof Economic Research, 2012.

[94] Kiley M. , The Supply of Skilled Labor and Skill – Biased Technological Progress, Economic Journal, 1999.

[95] Klump R. , P. McAdam and A. Willman, Factor Substitution and Factor – Augmenting Technical Progress in the United States: A Normalized Supply – Side System Approach, Review of Economics and Statistics, 2007, 89 (1) .

[96] Klump R. , P. McAdam and A. Willman, Unwrapping Some Euro Area Growth Puzzles: Factor Substitution, Productivity and Unemployment, Journal of Macroeconomics, 2008, 30 (2) .

[97] Kramarz F. , Wages and International Trade, CEPR Discussion Paper, Centre for Economic Policy Research, London, 2003.

[98] Krueger A. , Experimental Estimates of Education Production Functions, NBER Working Paper, June 1999.

[99] Krueger A. , Measuring Labor's Share, NBER Working Paper Series, http: //www. nber. org/papers/w7006.

[100] Kuijis L. , How Will China's Saving – investment Balance Evolve?, Wolrd Bank China Office Research Working Paper, 2006.

[101] Liu M. , Union Organizing in China: Still a Monolithic Labor Movement?, Industrial & Labor Relations Review, 2011, 64 (1) .

[102] Slaughter M. J. , International Trade and Labor – demand Elasticities, Journal of International Economics, 2001, 54.

[103] McDonald I. M. and A. Suen, On the Measurement and Determination of Trade Union Power, Oxford Bulletin of Economics and Statistics, 1992, 54 (2) .

[104] Moral E. and V. Genre, Labor Share Developments in the Euro area, Economic Bullettin, Banco de España, 2007.

[105] Mezzetti C. and Dinopoulos E. , Domestic Unionization and

Import Competition, Journal of International Economics, 1991, 31.

[106] Melitz M. J. , The Impact of Trade on Intra – Industry Reallocations and Aggregate Industry Productivity, Econometrica, 2003, 71 (6) .

[107] Mitra D. and K. V. Ramaswamy, Trade Reforms, Labor Regulations, and Labor – Demand Elasticities: Empirical Evidence from India, The Review Economics and Statistics, 2007, 89 (3) .

[108] Morel L. , A Sectoral Analysis of Labour's Share of Income in Canada, Working Paper from Research Department Bank of Canada, 2005.

[109] Nee V. and S. Opper, Capitalism from Below: Markets and Institutional Change in China, Cambridge, MA: Harvard University Press, 2012.

[110] Ortegay D. and F. Rodriguez, Are Capital Shares Higher in Poor Countries?, Working Paper, Wesleyan Economics, 2001.

[111] Rayp G. and P. Willeme, The Bargaining Position of Low – Skilled and High – Skilled Workers in a Globalising World, Labour Economics, 2010, 19 (3) .

[112] Ripatti A. and J. Vimunen, Declining Labour Share-Evidence of a Change in Underlying Production Technology?, Bank of Finland Discussion Papers, 2001, 10.

[113] Rodrik D. , Has Globalization Gone Too Far?, Washington, D. C. : Institute for International Economics, 1997.

[114] Sato R. and T. Morita, Quantity or Quality: The Impact of Labour Saving Innovation On Us and Japanese Growth Rates 1960 – 2004, Japanese Economic Review, 2009, 60.

[115] Slaughter M J. , International Trade and Labor – Demand Elasticities, Journal of International Economics, 2001, 54 (1) .

[116] Svejnar J. , Bargaining Power, Fear of Disagreement and Wage Settlements: Theory and Evidence from US Industry, Econometrica, 1986, 54.

[117] Solow R. M. , A Skeptical Note on the Constancy of Relative Shares, The American Economic Review, 1958, 48 (4) .

[118] Schneider D. , Bargaining Openness and the Labor Share, mimeo, Humboldt University, Berlin, 2011.

[119] Slaughter M J. , Globalization and Declining Unionization in the United States, Industrial Relations, 2007, 46 (2) .

[120] Teulings C. and J. Hartog, Corporatism or Competition? – Labour Contracts Institutions and Wage Structures in International Comparison, Cambridge University Press, Cambridge, 1998.

[121] Vandenbussche H. , R. Veugelers and J. Konings, Unionization and European Antidumping Protection, Oxford Economic Papers, 2001, 53.

[122] Veugelers R. and W. Premia, Price Cost Margins and Bargaining Power in Belgian Manufacturing, European Economic Review, 1989, 33.

[123] Wood A. , North – South Trade, Employment and Inequality: Changing Fortunes in a Skill Driven World, Oxford, Clarendon Press, 1994.

[124] Young A. T. , The Tyranny of Numbers: Confronting the Statistical Realities of the East Asian Growth Experience, Quarterly Journal of Economics, 1995, 110.